잠시만
기대겠습니다

JISHIN GA NAKUTEMO SHIAWASE NI NARERU SHINRIGAKU

©HIDEKI WADA 2017

Originally published in Japan in 2017 by PHP Institute, Inc., TOKYO,

Korean translation rights arranged with PHP Institute, Inc., TOKYO,

through TOHAN CORPORATION, TOKYO, and Danny Hong Agency.

잠시만
기대겠습니다

혼자 해결할 수도, 도망칠 곳도 없을 때

와다 히데키 지음 | **홍성민** 옮김

청림출판

독립적이지 않아도
괜찮습니다

많은 책들 중 이 책을 펴 본 독자 여러분께 먼저 감사의 말을 전한다.

이 책의 주인공은 미국의 유명 심리학자이자 정신분석가 하인즈 코헛(Heinz Kohut, 1913~1981)이다. 코헛이란 인물이 낯설게 느껴질 것이다. 그는 사람들이 '제대로 된 어른이 되어야 한다', '강해져야 한다'라는 사상이 주류를 이루던 기존 정신분석학계에서 "사람은 그렇게 성숙하지도 강하지도 않다"라고 다른 주장을 한 인물이다.

당시 정신분석학계의 주장은 지금 우리 주위에서도 쉽게 발견할 수 있다. 많은 사람들이 "나약해지지 말고 제대로 된

어른이 되어라"라고 말하면서 다른 사람에게 기댐으로써 자신의 약점을 보이는 일을 두려워한다. 우리는 강함과 성숙함을 강요하는 사회에서 조금씩 자신에게 그리고 다른 사람에게 엄격해지고 있다.

코헛이 있던 당시의 정신분석학계에서는 '자기애(自己愛)'나 '의존'이라는 개념을 부정적으로 바라보았다. 여기서 '자기애'란 자기 자신을 소중히 여기고, 자신의 가치를 높게 판단하는 심리 전반을, '의존'은 누군가에게 기대거나 의지하는 심리 상태를 말한다.

그때나 지금이나 많은 사람들이 자기애가 강한 사람을 '자기중심적'이라고, 다른 사람에게 '의존'하는 사람을 나약한 사람이라고 쉽게 오해한다. 그러나 코헛은 말한다. "자기애와 의존은 우리에게 필요하다. 더 나아가 자기애와 의존이 없다면 사람은 성장할 수 없다."

그렇다고 해서 코헛이 자기애나 의존을 긍정적으로만 본 것은 아니다. 다만 그는 이렇게 말했다.

"누구나 완전한 '정신적 독립'을 이루기는 어렵다. 사람은 모두 스스로를 가장 사랑스럽게 여기지만, 한편으로는 다른 사람에게 기대지 않고는 살아갈 수 없다. 자신의 자기애를 솔직히 받아들이자. 또한 다른 사람의 자기애도 존중해 주면 된다. 그리고 다른 사람에게 '건전하게 의존'할 수 있을 때 우리는 그가 성장했다고 봐야 한다."

심리적으로 약해진 상태에 있을 때 우리는 흔히 '더 강해져라', '혼자 힘으로 일어서라', '나보다는 다른 사람을 더 생각하라'와 같은 메시지를 접하곤 한다. 하지만 이러한 대안들이 도무지 자신의 이야기가 아닌 것처럼 느껴진 적이 많았을 것이다. 이러한 메시지들이 주는 압박에 소외감과 위화감을 느끼기도 했을 것이다. 그러나 자신은 강해질 수 없다고 자신감이 없다고 여겨도 괜찮다. 이 책에서 소개하는 이야기는 바로 그런 사람들을 위한 것이다.

나는 오늘날 외로운 시대를 살아가는 현대인의 마음을 달래 줄 심리학은 코헛의 심리학이라 말하고 싶다. 사람들이 일상적으로 카운슬링을 이용하는 미국에서는 많은 정신분석가들이 코헛의 이론과 사고방식을 바탕으로 하여 내담자의 이야기를 듣고 또 조언해 주고 있다.

코헛은 다른 사람에게 자신을 드러내기 어려워하면서도 타인에게 인정받고 싶어 하는 심리를 두고 '나약하다'거나 '나쁘다'고 평가하지 않는다. 그 대신 이러한 심리를 있는 그대로 받아들인 상태에서 '그렇다면 여기서 앞으로 나아가기 위해, 더욱 잘살기 위해 어떻게 해야 할까'를 생각하는 자세가 코헛 심리학의 핵심이다.

내가 살고 있는 일본에서는 프로이트와 아들러의 이론이 상대적으로 널리 알려져 있지만, 사람의 마음을 깊이 들여다보고 실생활에서 적극적으로 활용할 수 있는 심리학이 무엇인지 곰곰이 따져 본다면 나는 코헛의 심리학만 한 것은 없다고 생각한다.

혹시 자기계발서를 읽다가 다음과 같은 생각이 든 적은 없는가.

'혼자서 어떻게 해야 할지 모르겠어서 이 책을 집어 든 건데…… 뭐? 슬픔도 역경도 극복하고 강해지라고? 이게 해결책이야?'

책을 읽은 직후에는 지금보다 더 강해지고 싶고 발전하고 싶다고 다짐하더라도, 이는 진통제처럼 일시적 효과만 있을 뿐이다. 대부분의 사람들은 이런 강렬한 의욕을 오랫동안 유지하기 힘들다.

그러니 힘을 빼고 자연스럽게 일상을 이어 가도록 하자. 이와 관련한 자세한 내용은 본문에서 설명하겠지만, 코헛의 이론과 철학을 바탕으로 하면 자연스럽게 마음 편안한 일상을 오랫동안 유지할 수 있다. 건강한 인간관계야말로 인생을 풍요롭고 행복하게 만든다고 생각한 코헛의 이론은 체계적으로 '다른 사람에게, 그리고 자신에게 다정해질 수 있는' 심리학이기 때문이다.

코헛 심리학은 인생을 이루는 이 두 가지 관계에 접근할 수 있다는 점에서 큰 가치가 있다.

무리해서 자신을 꾸미거나 애써 자신감을 가지려 할 필요는 없다. 오히려 불필요한 자신감과 힘을 빼고 시작하자.

자, 이제 '세상에서 가장 다정한 정신과 의사' 코헛의 인간관계 수업을 시작해 보자. 이 특별한 인물의 이론과 생각을 통해 독자 여러분이 앞으로 보다 건강한 인간관계를 맺고 행복한 일상을 그리고 따뜻한 인생을 누릴 수 있기를 진심으로 바란다.

{ 차례 }

프롤로그 – 독립적이지 않아도 괜찮습니다   005

1장 마음껏 응석을 부리자
– 자신감이 없어도 괜찮은 이유

행복의 시작은 나를 챙기는 것부터   017
내게 필요한 다정한 존재   020
건강한 어리광쟁이가 되자   023
당신에게는 기댈 수 있는 사람이 있나요?   027
고독한 대통령의 비극   030
나를 믿어 주는 사람이 있다는 것   033
폐 끼치는 연습을 합시다   036
관계에 도움이 되는 완급 조절   040
부족한 부분이 있어도 괜찮아요   043
칭찬은 기꺼이 받아들이자   046
나를 이해해 줄 사람을 찾아 나서자   049
같은 고민, 같은 마음   052
단 한 사람이어도 좋으니까   055
나 자신을 믿고, 우선 행동하기   058
실패가 두려운 당신에게   061
코헛이 내게 알려 주는 것   064

2장 미움받을 용기? 없어도 충분하다
- 이상적인 관계는 서로 기대기

강인한 심리학자, 프로이트 069

목적을 중요하게 여긴 아들러 073

아들러의 해결법과 코헛의 해결법 076

칭찬, 해야 할까 하지 말아야 할까? 079

성숙한 인간의 자세 – 아들러 편 083

성숙한 인간의 자세 – 코헛 편 085

'강함'을 믿은 아들러, '나약함'을 긍정한 코헛 088

가장 건강하게 기대기 091

인간관계에서 우리가 바라는 세 가지 095

상대의 '거울'이 되어 보자 101

상대가 '칭찬받고 싶어 하는 것'을 칭찬하자 104

더 이상 비관하지 말기 107

동정과 공감은 다르다 110

누군가를 '위로'할 때 반드시 필요한 것 113

비즈니스에도 공감 능력은 필수 118

조금씩 조금씩 노력하면 습관이 됩니다 122

'필요한 어리광'과 '지나친 어리광' 125

우리의 자신감에는 환경도 중요하다 129

있는 그대로의 나를 사랑하기 133

코헛이 내게 알려 주는 것 136

3장 무엇보다 중요한 건 나 자신의 기분

- 나 그리고 너를 소중히 하는, 코헛식 인간관계

열 사람이 있다면 열 가지 행복이 있다 141

남과 비교하는 기분이 들면 뚜껑을 덮어 버리자 144

직장에서도 유용한 공감 능력 148

누군가와 가까워지고 싶다면 151

지속적으로, 꾸준히, 성실하게 들여다보기 154

모든 것은 애정이 부족한 탓 159

그래도 여전히 싫은 사람 상대하는 법 162

모두가 관심을 받고 싶어 한다 166

상대의 공허함을 채워 주는 말들 170

사소하지만 따뜻한 칭찬의 힘 172

조용한 지지와 지원이 신뢰를 만든다 175

누군가에게 싫은 소리를 해야 할 때 179

우리에게 있는 두 가지 극 183

왜 리더들은 자꾸만 '센' 발언을 할까 187

이상적인 리더가 되고 싶다면 189

코헛이 내게 알려 주는 것 192

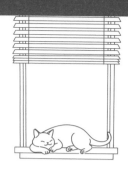

4장 '공감'이 바꾸는 세계

- 외로움도 관리가 필요하다

관찰할수록 그 사람을 하나씩 알아 간다 197

몇 분 만에 사람을 알 수 있을 거란 교만 199

그 상황이 되지 않으면 아무도 모를 일 204

공감 부족이 교육을 망친다 208

다른 사람의 입장을 생각하면 사회를 구할 수 있다 211

'노오력' 같은 소리는 이제 그만 214

이대로는 상황이 점점 나빠질 뿐 218

동정보다는 돈이지 221

누군가에게 기댈 때 비로소 설 수 있다 225

나를 소중히 할 것, 상대를 중요하게 여길 것 229

이해하지 못해도 괜찮아 233

코헛이 내게 알려 주는 것 236

에필로그 - 지금, 다시 코헛을 소개하는 이유 238

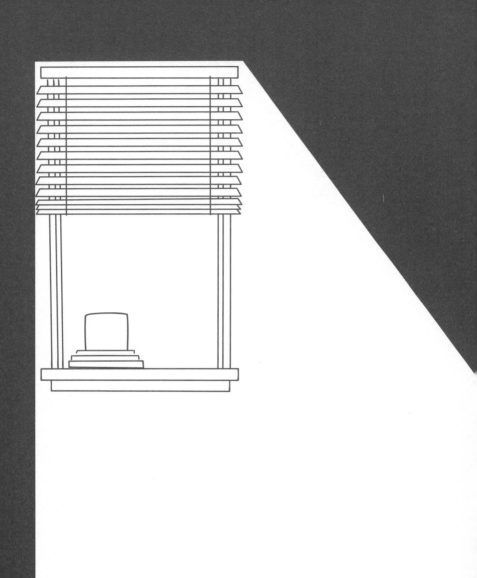

1장

마음껏 응석을 부리자

-자신감이 없어도 괜찮은 이유

※일러두기: 괄호 안의 설명글은 지은이의 글이며,
그 외의 주석은 옮긴이의 글입니다.

누군가와 공감할 때 사람과 사람과의 관계는
보다 깊어질 수 있다.

-오쇼 라즈니쉬

행복의 시작은
나를 챙기는 것부터

코헛은 모든 행복의 시작은 '자기애'에서 나온다고 생각했다. 그리하여 '인간은 자기애를 충족시키기 위해 행동하는 동물'이라고 정의했다. 사람은 자기애를 채우기 위해 행동하는 동시에 자기애가 다치는 일을 두려워하기 때문이다. 사람은 자기애가 충족되면 마음을 건강하게 유지할 수 있지만, 자기애가 충족되지 않으면 마음의 건강이 무너진다.

앞으로 자세히 설명하겠지만 사람이 기쁘거나 안도감을 느끼는 경우는 바로 자기애가 충족되었을 때이다. 반대로, 침울하거나 화가 나는 경우는 자기애가 상처받았을 때이다. 그래서 자기애를 가진 사람들이 모여 생활하고 관계를 맺는 사회에서는 자신뿐 아니라 상대의 자기애도 존중해야 한다.

지금은 이 이야기들이 지극히 자연스럽고 옳은 말처럼 들릴 것이다. 그러나 과거에는 전혀 아니었다. 이 같은 자기애 이론은 그야말로 혁신적이었고, 코헛은 '자기애 심리학'을 새롭게 정립한 인물로 소개되고 언급되어 왔다.

그런데 코헛의 이론에서 더욱 놀라운 점은 자기애에 관련된 부분이 아니다. 바로 **"다른 사람에게 건강하게 기댈 때 우리는 행복해질 수 있다"**라고 말한 데 있다. 이런 주장을 펼친 코헛은 과연 어떤 사람일까?

여기서 잠깐 연구 성과와 관련해 그의 발자취를 간단히 살펴보자. 코헛이 생애에 걸쳐 기술한 책은 단 세 권에 불과하다. 여러 편의 논문집과 시카고 정신분석협회에서의 강연을 정리한 책이 있긴 하지만 정식 저서로 출판된 것은 세 권이다. 게다가 앞의 두 권과 달리 마지막 세 번째 책은 코헛이 사망한 뒤 아놀드 골드버그(Arnold Goldberg)라는 사람이 미발표 원고를 편집한 방식으로 만든 책이기 때문에 코헛 자신이 발표한 작품은 아니다.

어찌 됐든 이렇게 세상에 나온 코헛의 저서는 총 세 권인데, 주목할 만한 점은 그의 첫 번째 저서와 두 번째 저서 사이에 이론이 크게 바뀌었다는 사실이다. 첫 번째는 '자기애 심리학'이라 할 수 있는 이론이었던 반면, 두 번째 저서에서 그는 자신의 학문을 '자기 심리학'으로 바꿔 칭했다.

언뜻 보면 '자기애'가 '자기'로 바뀌었을 뿐 크게 달라진 점은 없지 않으냐고 생각할 수도 있다. 그러나 사실 이는 매우 중요한 변화다.

내게 필요한
다정한 존재

   코헛이 처음에 주장했던 '자기애 이론'은 기존 정신분석가들의 이론, 특히 프로이트의 이론에 영향을 받은 부분이 있었다. 코헛은 자기애를 무작정 부정하기보다 정확히 분석하는 것이 정신분석 치료의 목적이라는 점에 동의했다.

   그러나 코헛은 '자기애 이론'에서 더 나아가 '자기 심리학'으로 이름을 바꾸고 자신만의 노선을 분명히 정했다. 그에 따라 연구 주제어도 '자기애'에서 '자기대상(self object)'으로 달라졌다.

   그렇다면 자기대상이란 무엇일까? 그 전에 '자기'의 의미를 가능한 한 간단히 살펴보겠다.

자기(自己)

= 개개인이 저마다 마음으로 느끼는 주관적인 세계

≒ 자기 자신

따라서 이 책에서 자기는 단순히 '자신'이라고 생각하면
된다. 그럼 자기대상이란 무엇일까? 이와 관련해 질문을 하
나 해 보자.

당신은 자신이 자신이기 위해서 무엇이 필요하다고 생각
하는가?

코헛은 **자신이 자신이기 위해서는 자신의 이야기를 들어
주고 자신을 인정해 주는 '상대'의 존재가 반드시 필요하다
고 생각했다.** 말하자면, '자신'이란 누군가가 봐 주고 인정
해 줌으로써 확인할 수 있는 존재라는 것이다.

당신이 만일 이 세상에 혼자뿐이라면 어떨 것 같은가? '나
는 정말 존재하는 걸까?' 하는 생각에 불안해질지도 모른다.
자신이라는 존재 자체가 흔들릴 수도 있다. **자신이 자신이
기 위해서 필요한 상대. 이 '상대'를 코헛은 '자기대상'이라
불렀다.** 조금 복잡한 용어를 쓰고 있지만, 곰곰이 생각해 보
면 그다지 어려운 개념은 아니다. 사람은 어떤 형태로든 상

대에게 의존해야 자신을 유지할 수 있기 때문이다. 이처럼
'사람에게는 평생 의존할 상대가 필요하다'는 것이 코헛이
다다른 새로운 생각이었다.

건강한
어리광쟁이가 되자

코헛이 정신분석가로 많은 환자를 치료하는 과정에서 최종적으로 다다른 치료 이론은 새로운 의미에서 '자신을 성장시키는 것'이었다. 이쯤에서 당신은 이렇게 생각할지도 모른다.

'그렇다면 제대로 된 어른이 되라거나 강해지라는 말과 결국 똑같지 않나? 기존 이론들이랑 뭐가 다르다는 거야?'

그러나 여기에는 큰 변화가 있다. 코헛 이전의 정신분석가들은 '치료자, 즉 치료해 주는 사람 없이도 살아갈 수 있는 자신이 되어라'는 취지에서 자기 성장이 중요하다고 설명했다. 말하자면 '자기 성장 = 자신을 단련하다'라는 의미였던 것이다.

반면에 코헛의 이론은 이와 다르다. 그가 말하는 '자기 성장'은 혼자서는 완성할 수 없는 개념으로, 요약하자면 다음과 같다.

- 자존감을 갖고 유지할 수 있도록 전문 치료자에게 의존할 뿐만 아니라, 주변의 가까운 사람을 자기대상(어떤 의미에서는 치료자)으로 삼아 의지할 수 있는 자신이 되어라.
- '왠지 이 사람은 믿을 수 있을 것 같다'는 짐작만으로 상대에게 의존하는 것이 아니라, 자신만의 올바른 '안목'을 키워서 믿을 수 있는 사람을 선택할 수 있는 자신이 되어라.

즉, 코헛은 '건강하게 어리광을 부리자', '의지할 사람을 찾는 힘을 키우자'고 주장했다.

최근 페이스북 등 소셜 미디어의 발달로 우리는 이전과는 다른 모습으로 사람들과 관계를 맺고 교류한다. 물리적 거리가 큰 장애물이 되지 않고 언제 어디서든 소통할 수 있기 때문에 관계의 부담은 줄었지만, 가끔 당신은 이런 생각을 해 본 적이 있을 것이다.

'진정한 친구란 뭘까?'

'정말로 신뢰할 수 있는 사람은 과연 누구일까?'

쉽게 맺을 수 있는 만큼 손쉽게 끊을 수도 있는 관계이기에 막연한 허무와 고독을 느끼는 것이다.

다른 질문을 해 보자.

"당신에게는 당신을 늘 믿어 주고 당신 역시 신뢰할 수 있는 사람이 있는가?"

가족이든 직장 내 동료든 그 외 개인적 인간관계에서든, 누군가 생각나는 얼굴이 있다면 당신은 행복한 사람이다.

그러나 점점 많은 사람들이 자신을 믿어 줄 사람이 없고 자신 또한 다른 사람에게 의지하지 못한다는 고민을 털어놓고 있다. 설령 누군가에게 의지한다고 해도 이렇게 걱정하곤 한다.

'혹시 나를 귀찮아하거나 싫어하지 않을까?'

'남에게 의지하다니 내가 너무 한심해.'

사회 여기저기에서도 이런 생각을 부추기는 논조가 흔하다. 어리광 또는 다른 사람에게 기대는 것을 인정하지 않는 사회가 되고 있다.

그러나 코헛에게 정신분석가로서 치료의 최종적인 목표는 '혼자 살아가는 능력을 키우는 일'이 아니다. 의지할 수 있는 사람을 찾지 못한 채 홀로 강하게 살아가기란 오히려 더 어렵다. 그래서 그는 '다른 사람에게 의존할 수 있는 능력을 키우자'고 주장하는 것이다.

자신감이 없는 사람도 '그 정도 능력은 나도 갖출 수 있을 것 같다'는 의욕이 생길 것이다.

당신에게는
기댈 수 있는 사람이 있나요?

서점에 진열된 수많은 자기계발서들은 '이 책을 읽으면 당신도 인생의 어려움을 극복할 수 있다' 하는 식의 메시지를 담은 표지 문구로 우리의 눈길을 사로잡는다.

그런데 막상 책을 펼쳐 보면 어떠한가? '사람은 결국 혼자다', '당신의 문제를 받아들이고 열심히 살아가라'는 정신론에 이르는 내용이 대부분이다. 그러나 정말 그럴까? 혼자 강하고 씩씩하게 사는 태도가 바람직한 자세이고, 우리 한 사람 한 사람 모두는 그렇게 강해져야만 하는 것일까?

2016년 노벨생리의학상을 수상한 일본 도쿄공업대학의 오스미 요시노리(大隅良典) 명예교수는 수상 인터뷰에서 "아내의 도움으로 수상할 수 있었다"고 말한 바 있다.

'가족 덕분에' 혹은 '이 사람이 있었기 때문에 해낼 수 있었다'는 발언은 다양한 시상식에서 수상 소감으로 자주 들을 수 있는 말이다. 단순히 형식적인 인사나 겉치레라고 생각할 수도 있겠지만, 그런 말을 진심으로 할 수 있는 이는 분명 마음이 강한 사람이다.

세계적 권위의 노벨상을 수상할 만한 연구라면 분명 하루하루 인내가 필요한, 매우 지지부진한 실험의 반복이고 도전의 연속이었을 것이다. 우리는 결과만 보기 때문에 수상자가 단숨에 유명인의 위치에 올랐다고 생각하기 쉽지만, 사실 성공의 본질은 기나긴 실패의 연속이다. 한 번에 성공하는 경우는 좀처럼 드물다.

특히 한 분야의 연구자에게는 우리가 상상하지 못할 만큼의 인내와 노력이 필요하다. 그러나 연구자 역시 사람인지라 당연히 지치거나 포기하고 싶을 때도 많을 것이다. 그럴 때 그를 받쳐 주는 사람이 있고 없고는 결과에 결정적인 영향을 미친다. 그것은 연구자에게 실험을 끊임없이 반복하는 행위만큼이나 기본적이고도 중요한 요소인 셈이다.

그리고 이는 연구뿐 아니라 다른 경우에도 마찬가지다.

'그가 옆에 있어 주면 이 일을 계속할 수 있을 것 같아.'

'그녀는 내 경쟁자이지만 좋은 동료이기도 해. 덕분에 나는 더욱 분발해서 앞으로 나아갈 수 있어.'

다양한 상황에서 우리는 이런 사고방식을 통해 어려움을 극복할 수 있다. 이것이 바로 '코헛적' 자세다. 오스미 교수의 발언도 어떤 의미에서는 같은 맥락이다. 그리고 이것이 바람직한 의미에서의 '의존'이다.

정서적인 의존에도 여러 형태와 차원이 있다. 예를 들어, 누군가가 자신을 속이려는 사실을 알아채지 못하고 믿어 버리는 바람에 마음의 상처를 입거나 경제적 피해를 볼 수도 있다. 지나치게 상대방에게 의존할 경우에는 자기 자신을 잃어버릴 수도 있다. 상대에게 필요 이상으로 기댄 결과 어느새 스토커처럼 집착하기도 한다.

이런 의존 방식은 코헛이 말하는 건강한 의존이 아니다. 의존에는 '좋은 의존'과 '나쁜 의존'이 존재하며, 코헛이 강조한 의존은 그중 당연히 '좋은 의존'을 가리킨다. 그렇다면 좋은 의존은 구체적으로 어떤 것이며, 또 우리는 어떻게 하면 될까? 지금부터 천천히 살펴보자.

고독한
대통령의 비극

한국의 박근혜 전 대통령은 평소 가까이 지내던 옛 친구에게 금전 관리를 맡기고 그 외의 부분에서 특별 대우를 한 것은 물론, 본인의 역할인 국가 정치 통솔과 관련해서도 그 친구에게 조종당했다는 의혹을 사면서 결국 대통령 자리에서 쫓겨났다.

그저 사리사욕을 채우기 위해 자신의 곁에 있었던 옛 친구에게 박 전 대통령은 왜 그렇게까지 의존한 것일까? 아마도 심적으로 힘들었던 시기에 그 사람이 곁에서 힘이 되었다는 사실도 한 가지 이유일 것이다. 남들과 다른 성장 과정도 큰 영향을 미쳤을 것이다.

그러나 조금 더 파고들어 보면, 근본적으로는 그녀가 기본적으로 사람을 신뢰하지 못해서 다른 사람에게 '건강하게 의존'할 수 없었기 때문이라는 이유가 존재한다. 그녀의 경우 무엇보다 자신이 진정으로 신뢰할 수 있는 사람을 발견해 그 사람과 '건강한 신뢰 관계'를 형성하지 못했고, 잘못된 상대에게 '비정상적으로 의존'한 탓에 오늘날과 같은 비극적인 결과를 불러온 것이다.

코헛이 지향해야 한다고 주장한 '좋은 의존', 이것을 할 수 없으면 우리는 자신을 속이려는 사람이나 정신을 어지럽히는 약물 등에 의존하게 된다. 아무리 높은 지위에 올랐든, 막대한 부를 보유했든 다른 사람을 믿고 기대지 못하면 행복해지기 어렵다.

명예와 부를 다 가졌지만 외로움과 불안함을 어쩌지 못해 나쁜 인물이나 약물에 빠져 버리는 유명인들의 이야기는 익히 보고 들었을 것이다. 부정적인 감정에 사로잡혀 자신이 갖고 있는 모든 것을 날려 버리는 데에 지위와 돈의 여부는 아무런 관련이 없다. 부자나 가난한 자 할 것 없이 누구나 그런 상황에 처할 수 있다. 그리고 그렇게 되지 않기 위한 예방법, 혹은 그렇게 되었을 때 대처하는 방법을 모른다면 그 삶은 결국 비극으로 끝나고 만다.

　그러므로 '인간은 혼자 살 수 없다' 혹은 '믿을 수 있는 사람을 찾아서 건강하게 의존하자'는 코헛의 말에 우리는 주의 깊게 귀 기울여야 한다.

나를 믿어 주는
사람이 있다는 것

　다른 사람에게 자신의 고민을 털어놓고 의논하거나 기대는 일이 쉽지는 않다. 많은 사람들이 이를 불편해하고 어려워한다.

　이 책을 읽고 있는 당신은 어떤가? 만일 남에게 마음을 털어놓지 못하겠다거나 다른 사람에게 기대기가 힘들다면 다음의 질문에 대답해 보자.

　만약 누군가가 당신에게 "믿을 수 있는 건 너뿐이야" 혹은 "너에게는 내 비밀을 이야기할 수 있어"라고 말한다면 기분이 어떨까?

　누군가가 나를 믿고 있다는 생각에 대부분의 사람들은 기분이 좋아질 것이다. 사람은 많든 적든 누군가에게 의지하고 또 의지가 되어 주는 생물이다. 그리고 다른 사람에게 건강하게 기대는 것은 상대의 자기애를 충족시켜 주는 행위이지 상처 주는 일이 아니다.

그러니 당신도 '내가 의지하면 상대방에게 부담을 주는 게 아닐까?', '그 사람에게 안 좋은 영향을 끼치진 않을까?' 하고 염려할 필요는 없다. 아마 상대방은 누군가에게 신뢰를 주는 사람이라는 생각에 기뻐할 것이기 때문이다.

상대하기 껄끄러운 상사나 이웃에게도 적극적으로 다가가 무언가를 의논해 보면 생각 외로 따뜻하고 친절한 모습을 볼 수 있다. 마찬가지로 업무상 알게 된 거래처 직원이나 자녀를 통해 친해진 같은 학부모 가운데 대하기 어려운 사람이 있으면, 다가가서 일부러 뭔가를 의논해 보는 것도 좋은 방법이다. 그러면 상대는 자신이 누군가에게 필요한 사람이라고 느끼게 되고 도움을 요청한 사람에게 힘이 되어 주고 싶어 한다.

만일 당신에게 적대적인 태도를 취하는 사람이 있다면 마찬가지로 의논거리를 들고 찾아가라.

그는 당신에게 신뢰를 받고 있다고 생각할 것이다. 그리고 사람은 자신을 믿는 상대를 공격하려고 들지 않는다.

　이처럼 '의논'이라는 행위는 인간관계, 나아가 신뢰 관계를 만드는 데에 매우 중요한 요소다. 평소 성실한 사람이 자기에게 의논하기 위해 찾아온다거나, 자신보다 나이가 많거나 지위가 높은 사람이 의견을 구하려고 다가온다면 그 행위만으로 호감이 생기지 않을까? 오히려 남에게 잘 의논하지 못하는 사람은 주위에 완고하고 다가가기 어렵다는 인상을 준다. 부하에게 의논하지 않는 상사보다는 부하의 의견을 구하는 상사를 누구나 더 믿게 될 것이다.

폐 끼치는
연습을 합시다

주위에 '폐를 끼치지 않아야 한다'는 생각에 다른 사람을 성가시게 하는 것을 어떻게든 피하려는 사람, 남에게 피해를 주는 일을 극도로 싫어하는 사람이 있지 않은가? 혹은 당신이 이런 타입인지 생각해 보자.

이런 타입의 사람들은 평소 남에게 빚지는 일을 무척 겁내고, 오직 타인에게 폐를 끼치지 않는 행위로 사람의 독립성을 판단하려 한다.

하지만 사람은 아무리 노력해도 주위에 폐를 끼치지 않고는 살 수 없는 동물이다. 이에 대해 파고들면 끝이 없는데, 당신이 호흡해서 뱉어 낸 이산화탄소는 지구온난화를 일으키는 원인이 되고, 당신이 매일 먹는 저녁밥을 위해서는 수많은 동식물이 희생당한다. 조금 심한 표현이지만 당신을 불쾌하다고 여기는 누군가는 당신의 얼굴을 보는 것조차 싫을 수 있고, 당신의 존재만으로도 기분이 상할 수 있다. 따라서 아무에게도 폐 끼치지 않고 살 수 있는 사람은 세상에 단 한 명도 존재하지 않는다.

물론 그렇다고 해서 자신은 세상에서 없는 편이 낫다거나, 살아갈 가치가 없다고 낙담해서는 안 된다. 여기서 내가 하고 싶은 말은 '다른 사람에게 피해를 주는 것은 우리 누구나 똑같다', '폐를 끼친다는 면만 바라보지 말자' 하는 것이다. 오히려 **남에게 폐를 끼치는 만큼 반대로 좋은 일을 해보는 건 어떨까?** 일일일선(一日一善), 즉 하루에 한 가지씩 선한 일을 하는 것도 바람직한 방법일 것이다.

가장 나쁜 경우는 '난 남한테 피해만 줄 뿐이야. 아무것도 하지 말자' 하는 극단적이고 부정적인 사고 안에 틀어박히는 것이다. 이런 사고방식이라면 남에게 피해를 주는 일은 줄어들 수 있겠지만 좋은 일도 결코 일어나지 않는다. 결과적으로 자신에게 마이너스인 셈이다.

무엇보다 자신이 만든 부정적인 사고의 틀 안에서 나올

줄 모르는 사람이 과연 스스로를 좋아하는 일이 가능할까? 다른 사람에게 피해를 준다는 생각 때문에 필요 이상으로 남을 의식하는 경우라면 자신을 사랑하기 어렵다. '도움은 주고받는 법이지'라고 생각하는 사람이 남에게 기대는 일에 크게 연연해하지 않는 것과는 대조적이다.

이처럼 다른 사람의 눈치를 보느라 자신을 돌보지 못하고 사랑하지 못하는 사람은 다른 사람도 사랑하기 어렵다. 잘못하면 본인의 의도와 다르게 이기적인 사람이 될 수 있다. 코헛이 '자기애'를 부정하지 않는 것은 이런 점에서 비롯된다. 즉 자신을 생각하는 '자기애'가 아니라 자신의 생각에만 갇혀 있는 '이기심'이 나쁘다는 것이다.

이기적인 사람은 자신의 잣대로만 매사를 판단하기 때문에 다른 사람의 이야기를 들으려고도 이해하려고도 하지 않는다. 그래서 때로는 누군가를 막다른 곳으로 내몰아 버린다. 스스로의 생각이 옳다고 여겨 자신도 모르는 사이에 상대를 압박하는 일도 있다.

따라서 우선은 내가 소중하다는 사실을 순순히 받아들이며 자존감을 키우자. 그리고 필요한 순간에는 다른 사람의 도움을 받는 일을 주저하지 말아야 한다. 마찬가지로 상대도 나

와 똑같이 소중하며 그에게 도움을 줄 수도 있음을 기억해
야 한다. 이것이 뒤에 나오는 코헛 심리학의 가장 중요한 주
제인 '공감'을 위한 첫걸음이 된다.

관계에 도움이 되는
완급 조절

"사람들은 늘 나에게 뭔가를 의논해요."

남에게 고민을 털어놓고 의논하는 일이 불편한 사람이 있는가 하면, 이처럼 남들이 찾아와 자기 고민을 말해 부담스럽다는 사람도 있다.

실제로 남의 이야기에 귀를 잘 기울여 주면 그와 의논하려는 사람들이 모여든다. 이때 들어 주는 사람은 상대에게 공짜로 자신의 시간과 에너지를 나눠 주기 때문에 손해 보고 있다는 생각을 하기도 한다.

그러나 다른 사람의 이야기를 들어 줌으로써 그 사람을 기쁘게 하거나 만족스럽게 해 주었다면 당신이 손해를 볼 일은 크게 없다. 누군가가 당신에게 의논한다는 것은 그만큼 당신을 믿고 있다는 의미다. 그래서 귀를 기울여 하나하나 성실하게 들어 주면, 반대로 당신에게 어려운 일이 생겼을 때 그들 역시도 도움을 주려고 할 것이다.

많은 사람들이 남에게 의지하지 못하거나 혹은 의지하지 않으려고 애쓰다 보면 심리적으로 약해졌을 때 '나는 아무리 해도 안 돼'와 같은 부정적 사고에 빠지기 쉽다. 아무도 자신의 처지를 그렇게 생각하지 않는데도 스스로를 괴롭히고 고통스러워하는 것이다. 이럴 때 남에게 의지하는 것은 힘이 된다. 즉, 당신이 누군가의 이야기를 들어 주는 것만으로도 그에게는 큰 힘이 되는 것이다.

다른 사람의 상담 요청에 응해 주다 보면 직장에서는 매우 엄격하고 철저한 모습을 보이는 상대방이 사적으로는 의외로 사소한 부분 때문에 고민한다는 사실 등, 겉으로만 봤을 때는 미처 몰랐던 면모를 알게 될 수도 있다. 그렇게 되면 상대방의 '보이지 않는 면'을 점점 더 생각하게 되고, 그 사람의 마음과 입장을 한층 깊이 헤아리면서 다정하게 대할 수 있다.

이처럼 남의 이야기를 들어 주는 일은 장기적으로 볼 때

손해보다는 이득이 더 크다. 의지하고 또 의지가 되어 주는 관계를 통해서 인생은 더 수월해지고 만족도가 높아지기 때문이다. 그래서 코헛은 '건강한 인간관계를 쌓는 것이 성숙한 인간의 증거'라고 말하기도 했다.

상대방이 자기 이야기를 들어 달라고 요청했을 때 이를 두고 이익과 손해만 따지는 것은 일반적인 관점에서 옳지 않은 일이다. **하지만 인간의 주관을 중요하게 여긴 코헛은 '누군가에게 도움을 주는 것은 내게 득이 되므로 노력하자'라는 생각조차도 긍정한다.** 즉, 손실과 이득을 따진 행동도 코헛은 질책하지 않는다.

나 자신이 만족하지 못하면 다른 사람에게 친절할 수 없다는 것. 내가 만족하기 위해서는 때로는 이해타산으로 움직일 수도 있다는 것. 이렇게 생각하는 것이 바로 코헛식 사고다. 정도의 문제는 있겠지만, 자신도 모르게 손해와 이득을 따지더라도 너무 자책할 필요는 없을 것이다.

부족한 부분이 있어도
괜찮아요

'저 사람은 소위 금수저라 뭘 해도 잘 풀리는데 나는 뭘 해도 안 되네.'

'저 직원은 일 잘하는 상사를 만난 덕에 업무 성과가 좋네. 나는 상사가 무능력해서 영……'

이렇게 끊임없이 남과 비교하면서 필요 이상으로 스스로의 처지를 깎아내리는 사람들이 있다. 가짜 객관성에 휘둘려 불필요한 비교를 하는 것이다.

코헛은 사람들이 자기 비하를 하는 까닭은 스스로에게 결점이 많다는 생각에 자신감이 떨어졌기 때문이라고 보았다. 그래서 그는 자신의 부족한 부분을 채워 주는 다른 사람을 찾는 것이 이 문제를 해결할 방법이라고 보았다.

자신의 부족함을 채워 줄 사람을 발견하면, 외부를 비뚤게 바라보던 이전과 다른 태도로 세상을 대하게 된다. 상대방에 의해 자신의 부족한 부분이 채워지니 삐뚤어진 시선으로 사물을 볼 이유도 없어진다.

따라서 불안정했던 마음도 안정되고 여유가 생겨 너그럽게 행동하므로 주변 사람의 평가도 높아진다.

반대로, 결핍이 충족되지 않은 사람은 세상을 보는 시선과 마음이 점점 더 삐딱해져 그에 대한 주위의 평가도 낮아진다. 이런 악순환을 겪는 사람을 코헛은 '비극적 인간(tragic man)'이라고 칭했다.

그러나 코헛은 비극적 인간의 마음 바탕이 선천적인 것이 아니며, 치료자 혹은 다른 사람으로부터 따뜻한 애정을 받음으로써 달라질 수 있다고 했다. 만일 주변에 이런 사람이 있다면 가능한 범위에서 푸념을 들어 주거나 그가 가진 장점을 칭찬해 주자.

당신이 할 수 있는 선에서 상대방을 인정해 주고 조금이라도 안정감을 준다면 그 사람을 바꿀 수 있다. 그러면 그는 '인정받았다', '누군가 나를 알아준다'고 느껴 자신의 결핍을 채우게 된다. 이렇게 충족이 되면 마음에 여유가 생기고 자연스럽게 성격도 온화해진다. 그러면 그를 보며 '저 사람과 말해 보자', '저 사람과 대화하고 싶다'고 생각하는 누군가가 생길 수 있다. 그를 사랑하는 사람이 생길 가능성도 높아진다.

코헛은 이렇게 다른 사람이 개입하는 방법을 통해 우리가 달라질 수 있다고 보았다. 그는 '운'이 없는 사람들, 즉 비극적 인간들의 문제를 해결할 수 있는 치료법으로 '이전에 채워지지 못한 감정을 치료자와의 관계에서 채워 주는 것'을 들었다. 그리고 코헛에 따르면 이러한 '치료'는 의사가 아니어도 할 수 있는 일이다.

그렇다면 이 치료는 구체적으로 어떤 것을 가리킬까? 이어질 내용에서 알아보자.

칭찬은 기꺼이
받아들이자

'남의 말에 쉽게 굽히기만 하고……. 난 왜 내 의견을 상대방에게 제대로 전달하지 못할까?'

'나는 왜 이렇게 매사를 삐딱하게 받아들일까? 이런 내가 싫고 피곤해.'

당신은 자신을 이처럼 부정적으로 인식하고 있을지도 모르겠다. 그러나 다른 사람이 보기에는 당신에게도 분명 장점이 있을 것이다. 장점이 하나도 없는 사람은 없다.

그리고 이러한 '장점'을 솔직하게 칭찬해 주는 이가 치료자, 즉 당신을 치료해 주는 사람이다. 코헛은 의사로서 이 역할을 자청하긴 했지만 치료자가 꼭 의사일 필요는 없다.

한번 생각해 보자. 곁에서 늘 칭찬해 주는 사람이 있기는 쉽지 않지만, 지금까지 살아오면서 당신을 평가하고 칭찬해 준 사람은 있었을 것이다. 떠오르는 사람이 있는가?

물론 평소 자신을 부정적으로 인식하는 사람의 경우, 칭찬을 받은 적이 있더라도 이렇게 생각했을 것이다.

'어차피 그냥 인사치레로 하는 말이야.'

'그래 봤자 그 사람이 나보다 더 환경이 좋고 실력도 훨씬 뛰어나잖아.'

상대방이 좋은 마음으로 애써 한 칭찬을 언짢게 받아들이거나 흘려 넘기는 것이다. 이와 관련해 일본 정신분석학의 일인자였던 도이 다케오(土居健郎)는 저서 《'아마에'의 구조(甘えの構造)》아마에(甘え)는 '어리광', '응석'이라는 뜻이다에서 이들을 "어리광 부릴 수 없는 사람"이라고 정의했다.

이런 사람들에게 코헛은 다음과 같이 단언한다.

"다른 사람의 칭찬은 있는 그대로 받아들이자."

뒤집어 보면 이는 '다른 사람에게 있는 그대로 어리광을 부리자'는 말이기도 하다.

처음에는 어려울 수 있지만 일단 시도해 보면 된다. 칭찬을 받으면 있는 그대로 받아들이고 좋은 기분을 억누르지 말자. 그러다 보면 혼자서는 어찌 할 수 없던, '자신감 부족'이던 상태가 점점 좋아진다.

그러면 지금까지 스스로를 왜 그렇게 낮춰 보고 괴롭혔을까 싶을 만큼 마음이 편안해진다. 뻐딱한 자세로 세상을 대하거나 다른 사람에게 쭈뼛댈 필요는 없다. 다른 사람을 믿고 자신을 신뢰하며 '솔직하게 기대는 것'이 중요하다.

우선 그 첫걸음으로, 다른 사람이 건네는 칭찬을 있는 그대로 받아들이는 일부터 시작해 보자.

나를 이해해 줄 사람을
찾아 나서자

'솔직하게 다른 사람에게 기댈 수 있었으면 좋겠어.'

'나도 모르게 다른 사람에게 휘둘리는 것 같아.'

이러한 고민들을 들여다보면 그 바탕에는 자신감 결여, 그리고 나 자신을 바꾸고 싶다는 생각이 자리 잡고 있다.

물론 나를 바꾸려고 노력하는 일도 때로는 필요하다. '난 욕심이나 오기가 없는 성격이라 쉽게 바뀌지 않아', '아무리 애써 봤자 내가 바뀔 것 같지 않아. 그렇다면 차라리 이대로 있을래' 하며 한탄하거나 합리화하다가는 평생 자신의 모습에 만족하지 못한 채 살아갈 것이기 때문이다.

그런데 잠깐 생각해 보자.

우리의 인생이 80년이라면, 예를 들어 지금 40세인 당신이 달라지는 데에 5년이라는 시간이 걸리더라도 새로워진 당신에게는 35년이라는 시간이 남아 있다. 30세라면 45년이, 20대라면 더더욱 많은 시간이 기다리고 있는 셈이다. 그렇다면 비록 5년이 걸린다 해도 평생 이대로 살기보다는 굳게 결심해서 '달라진 나 자신'으로 살아가는 편이 훨씬 낫다.

이와 관련해서도 코헛은 흥미로운 제안을 했다.

"자신의 힘으로 최선을 다해 노력해 스스로를 바꾸려고 애쓰기보다는, 당신이 바뀌는 데 도움을 줄 만한 의지할 수 있는 사람을 찾는 방법이 더 좋지 않을까?"

세상 모든 사람들이 당신을 좋아하기란 불가능하다. 그러나 모든 사람들이 당신을 이해하지 못하거나 싫어하는 일도 불가능하다. 지치지 말고 힘을 내서 많은 사람에게 말을 걸다 보면, 반드시 당신을 이해해 줄 사람은 나타나기 마련이다. '이해해 주는 사람'은 신뢰할 수 있는 사람의 제일 조건이다. 우선 나를 이해해 주는 사람을 찾자.

물론 행동하지 않으면 그런 사람은 나타나지 않는다. 그러니 스스로 노력해야 한다. 이것이 핵심이다. 다행히 최근에는 이런 '행동'에 대한 물리적 제약이 크게 줄었다. 굳이 이리저리 다니며 여러 사람을 만나지 않아도 자기 방에서 인터넷을 통해 찾을 수 있기 때문이다. 오늘날을 사는 우리에게는 행운이다. 이러한 만남이 비록 인터넷상에서 이루어진다 해도, 자신과 비슷한 가치관을 가진 사람이나 의지가 되는 사람과 교류할 수 있다면 우리의 마음은 훨씬 편안해진다.

그 만남은 당신을 변화시킬 계기가 될 것이다. 믿을 수 있는 사람, 무엇보다 당신을 '이해해 주는' 사람과의 소통을 통해 자신의 장점을 발견하고 드러내게 되면 스스로를 부정적으로 바라보던 생각 또한 사라질 것이다.

자신을 바꾸기 위해 혼자 주먹을 치켜든 채 애쓰는 것, 또는 믿을 수 있는 누군가를 찾는 것. 이 두 가지 중에서 당신에게 맞는 방법은 무엇일까?

같은 고민,
같은 마음

앞서 언급했던 '이해해 주는 사람'이란 과연 어떤 사람이며, 또 어떤 의미가 있을까? '나를 이해해 주는 사람'을 찾는데에, 또 '다른 누군가를 이해해 주는 사람'이 되는 데에 도움이 되도록 다음과 같이 예를 들어 보겠다.

당신이 대단한 인기를 누리는 배우라고 가정해 보자. 유명 연예인인 만큼 당신을 사랑해 주는 이들이야 워낙 많겠지만, 그럼에도 왠지 대중이 '외모 때문에' 혹은 '유명인이니까' 그렇게 친절한 것이라는 생각이 든다.

하지만 이런 생각을 감히 다른 사람들에게는 말할 수 없다. 자칫하면 남들은 "배부른 고민이잖아?", "거봐, 연예인

걱정은 하는 게 아니었어!"하며 차가운 눈초리로 바라볼 수도 있기 때문이다.

그러던 어느 날, 당신은 한 인터넷 게시판에 익명으로 글을 올렸다.

"제 외모와 지위만 보고 접근하는 사람이 많아서 정말 고민입니다."

이렇게 시작하는 글로 속마음을 털어놓자, 당신의 글에 공감하며 고개를 끄덕여 주는 이가 나타났다. 아마도 그 사람은 당신이 유명 연예인이라는 사실을 모른 채 그저 당신이 겪는 상황과 그에 대한 진심에 솔직히 공감했을 것이다.

나와 똑같은 일로 고민하는 사람이 있다는 것. 비록 그 사람의 얼굴은 모르지만, 이로써 당신은 상대방을 조금 더 믿게 되고 자신이 존중받는다고 느낀다.

조금 더 현실적인 예를 들어 보자. 중년인 당신이 아이돌을 좋아하게 되었다고 가정해 보자. 현실 세계에서는 주위의 시선이 신경 쓰여 이를 쉽게 말하기 어려운 데다 한참 어린 나이의 아이돌을 좋아하게 된 자신이 왠지 떳떳하지 못하게 느껴진다.

그러던 중 당신은 아이돌을 좋아하는 중장년층이 모인 온

라인 커뮤니티를 발견했고, 그곳에 과감히 글을 올렸다.

"아이돌을 좋아하는 저 자신이 좀 부끄러워요."

그러자 이런 댓글들이 올라왔다.

"사실 저도 그래요!"

그러면 당신은 '뭐야, 나만 그런 게 아니잖아'라고 생각할 것이다. 그리고 고민과 답답함의 무게는 한결 가벼워진다.

나의 말에 공감해 주는 사람이 단 한 명이라도 있으면 인생의 방향과 마음 상태는 완전히 달라진다. 설사 그 세계가 인터넷상의 세계라 해도 마찬가지다. 직접 만난 적 없는 상대일지라도 그가 나의 속마음을 이해하고 진심으로 응원해 준다면 우리는 충분히 위로받을 수 있다.

내 이야기를 들어 주는 상대방이 꼭 나의 친구나 이웃, 가족일 필요는 없다. 있는 그대로의 나를 인정해 주는 사람이 존재한다는 사실, 그 자체가 더 중요하다.

단 한 사람이어도
좋으니까

　나의 이야기에 귀 기울여 줄 사람을 찾기가 상당히 쉽다
는 점에서 인터넷은 매우 유용한 수단이다. 현실 세계에서
는 절대 마주칠 리 없는 사람들이 똑같은 고민으로 모인 웹
사이트에서 이야기를 주고받으며 '다들 비슷하구나', '나보
다 상황이 더 안 좋은 사람도 있구나' 하면서 위로를 받는
다. 고민을 나누는 것 외에도, 일반적으로 공감대를 얻기 어
려운 독특한 취미를 가진 이들 또한 다른 사람의 시선을 의
식하지 않고 즐겁게 대화를 나눌 수 있다.
　이처럼 대중에게 이해받지 못할 취미나 의견을 가진 '아
웃사이더'들의 교류의 장으로 인터넷만큼 효과적인 것은 없

다. 물론 트위터나 페이스북에서 자주 보게 되는, 그저 '좋아요'를 하나라도 더 받기 위해서 쓴 글은 의미가 없지만, 진심을 나누는 경우라면 이야기가 달라진다.

'이 사람은 남들이 별나다고 취급하는 나의 취미를 이해해 준다.'

'이 사람은 일반적으로 이해받지 못하는 나의 상황을 헤아려 준다.'

만약 교류를 통해 이 같은 마음이 든다면, 그런 상대를 만날 수 있는 도구가 존재하는 현대사회에서의 우리 삶은 좁은 마을 사회뿐이던 과거에 비하면 훨씬 운이 좋다고 할 수 있지 않을까?

이처럼 공감해 줄 수 있는 상대, 내가 신뢰할 수 있는 상대를 찾을 때 처음에는 친구나 가까운 이웃보다는 얼굴조차 모르는 낯선 사람이 좋다. **우선 그 '한 사람'을 시작으로 해서 나를 이해해 줄 상대의 수를 차츰 늘려 가면 된다.** 이와 관련해 코헛은 다음과 같이 말한 바 있다.

"내가 의사로서 환자를 '이해하는 사람'이 될 수 있으면, 환자는 그 과정을 통해 다른 사람에게 인정받는 것, 다른 사람을 신뢰하는 일이 가능해진다. 그렇게 하면 그 환자는 의

사인 나 외에도 그런 사람을 찾게 된다."

따라서 처음에는 단 한 명이어도 충분하다. 단, 아무것도 하지 않고 가만히 있어서는 그런 상대를 결코 찾을 수 없다. 얼른 행동으로 옮겨서 나를 이해해 줄, 또 내가 이해할 수 있는 사람을 찾아 나서자.

나 자신을 믿고,
우선 행동하기

　자신감이 없는 사람이 또 하나 알아야 할 코헛의 메시지가 있다. 바로 '불필요한 객관성에 얽매이지 말라'는 것이다. 이것은 평소 생활에 있어서도 의미하는 바가 많다.

　때때로 우리는 비관적인 생각에 사로잡히곤 한다.

　'나는 예쁘지 않아. 그러니 이성에게 인기가 없어.'

　'난 불행해. 저 사람만큼 부유하지 않으니까.'

　그러나 주관을 중요하게 여겨 '내가 느끼는 것이 전부'라고 말하는 코헛 앞에서 이것들은 모두 무의미한 단정이다. 이런 단정적 판단에 얽매인다면 행복해지기 어렵다.

　생활뿐 아니라 세상의 많은 사람들이 주목하는 중요한 문제, 예를 들어 경제 이론과 정책에 대해서도 이는 마찬가지다. 그것이 옳은가, 혹은 옳지 않은가를 '객관적'으로는 알수 없다. 옳고 그름을 말로만 떠들어 댄다면 그게 바로 탁상공론이다.

이처럼 **아무리 객관적으로 바라봐도 알 수 없는, '정당함과 부당함' 또는 '옳고 그름'에 대해 한 가지 확실하게 대답할 수 있는 방법이 있다. 바로 실행하는 것이다.**

흔히 정치가나 행정 공무원은 새로운 정책이나 시도를 부정적으로 바라보며 우려 섞인 목소리를 낸다. 전례가 없다는 이유에서다. 하지만 전례가 없기 때문에 오히려 '옳을' 수도 있지 않을까? 이런 발상을 하지 못하는 것이 안타깝다.

물론 전례가 있으면 그 결과를 조금이나마 미리 읽을 수있다. 계산하기 쉽고 비교적 안전하다. 그러나 전례가 없기에 더더욱 재미있고 도전해 볼 가치가 있을 수도 있다. 이런 생각으로 "우선 시도해 보자!"라고 말할 수 있는 사람은 성공의 기회를 잡기가 더 쉽다.

자신의 일이든 다른 사람의 일이든, 모든 일에 대해서 '전례가 없으니 실패할 것이다', '좋지 않은 결과가 나올 게 뻔하다'라고 생각하는 것은 성공 가능성을 낮춘다.

따라서 다른 사람이나 어떤 일과 마주할 때 '그럭저럭 하던 대로 흘러가겠지'라는 생각은 버리고 '실제로 어떨지 한번 해 보자'는 발상으로 시도해야 한다. 이는 자기 자신에 대해서도 마찬가지다. '난 어차피 될 리가 없어', '나 따위가 뭘 하겠어' 하는 부정적인 단정은 아무런 의미도 도출해내지 못한다. 자신의 생각을 믿고 새로운 결과, 의미를 만들어가자.

실패가 두려운
당신에게

'그래, 모든 일은 해 보지 않으면 알 수 없어. 그렇다면 사람들과 좀 더 깊은 관계를 쌓아 볼까? 아니면 뭔가 새로운 일에 도전해 볼까?'

만약 당신이 지금 이런 생각을 하고 있다면 그것만으로도 나는 이 책을 쓴 보람이 있다.

하지만 당신이 이렇게 마음먹더라도 주변의 많은 사람들은 당신에게 '실패할지도 모른다'고 말하며 걱정할 것이다. 물론 누군가와 인간관계를 맺거나 새로운 일에 도전할 때는 분명 실패의 위험이 있다. 그러다 보니 이를 생각하면 걱정은 더욱 커지고 긴장부터 하게 된다.

그런데 과연 실패를 두려워할 필요가 있을까? 실패한다 해도 다시 도전하면 되는데 말이다. 여러 번 도전해도 된다. 마치 어떤 사람에게 고백했다 차이더라도 다른 멋진 사람을 찾아서 도전하면 되는 것처럼 말이다.

　그럼에도 많은 사람들이 실패를 두려워한다. '한번 실패 하면 다시 일어나기 어렵다', '실패하는 게 창피하다'고 여 긴다. 당신 주위에도 이런 생각에 무언가를 선뜻 시작하지 못하는 사람이 있지는 않은가?

　짚이는 데가 있는 사람에게 깜짝 놀랄 조언 하나를 건네 자. 그것은 바로 '아무도 당신을 그렇게 주의 깊게 보지 않 는다'는 사실이다.

　'혹시라도 남들 눈에 이상한 일을 하게 되면 어쩌지.'

　'이러다 실패라도 하면 얼마나 큰 창피야.'

　우리는 흔히 이런 식으로 지레 겁먹곤 하지만, 이는 아무 런 의미도 소용도 없는 생각이다. 다른 사람들이 나를 주시 하고 있다는 기분이 드는 것은 일종의 자만심에 가깝다.

　일본의 유명 음악 프로듀서 아키모토 야스시(秋元康)나 히 트 메이커로 알려진 연출가 테리 이토(テリー伊藤)의 '실패작' 을 아는 일본인이 얼마나 될까?

그들에 대해 어지간히 정통한 사람이 아니면 대다수는 이에 제대로 답하지 못할 것이다. 그들의 성공작에 대해서는 말할 수 있어도 실패작은 기억조차 없는 것이 대부분이다.

그렇다. **다행스럽게도 사람은 의외로 상대의 '단점'을 잘 보지 않는다.**

잠시 개인적인 이야기를 하자면, 나는 지금까지 무수히 많은 책을 출간했다. 대부분이 성공하지 못했지만 어쩌다 많이 판매되는 책이 생기곤 한다. 그러면 사람들은 "아, 그 유명한 책을 쓴 분이군요!" 하며 나를 알아본다. "책을 그렇게 많이 냈는데 잘 팔린 책은 거의 없네요" 하는 식으로 예리하게 말하는 사람은 없다.

마찬가지로 당신이 작은 실수를 하더라도 별것 아니다. 실패를 상상하는 것은 나쁘지 않지만, 거기에 빠져 나쁜 상상만 하느라 옴짝달싹하지 못한다면 안타까운 일 아닐까?

그러니 용기가 나지 않을 때는 다음과 같이 외치고 한 걸음 내디뎌 보자.

"아무도 나를 보지 않는다!"

이제 더는 사람들의 시선을 걱정하며 휘둘리지 말자.

코헛이 내게 알려 주는 것

앞의 내용에서 알 수 있듯 코헛은 자신감이 없는 사람에게는 누구보다 다정한 정신과 전문의다. 그의 말 중에서 다음을 꼭 기억하자.

- 사람은 저마다 자기애가 있다. 따라서 상대방의 자기애를 인정하는 태도가 중요하다.
- 혼자 씩씩하게 살아가려는 사람보다 남에게 기댈 수 있는 사람이 더 강하다.
- 나의 단점이나 마음에 들지 않는 점은 선천적인 기질이 아니다. 바꿀 수 있다.
- 내가 마음을 열 수 있는 사람을 단 한 명이라도 발견하면, 이후 마음을 열 수 있는 상대는 점점 더 늘어난다. 단, 그런 상대를 찾기 위한 노력이 필요하다.
- '어차피 ~일 게 뻔하다'는 단정은 나의 가능성을 좁힌다.

우선, 약하거나 자신감이 없다고 해서 스스로를 쓸모없는 사람이라고 여기는 부정적인 생각을 버려야 한다. 자신감이 없거나 약한 모습은 당신의 일부일 뿐이며 그러한 모습은 다른 사람들에게도 있다.

많은 사람들이 한순간에 자신감이 사라지거나 자신이 아무것도 아닌 존재가 된 듯한 상황을 여러 번 경험한다. 이런 상황에서 어설프게 휘두르는 자신감은 차라리 없는 것이 낫다.

무턱대고 자신감만 넘치는 사람은 주위 사람들의 의견이나 상황에 공감하지 못할 때, 큰 좌절을 겪었을 때 쉽게 의지가 꺾이지만 남들에게 좀처럼 기대지 못한다.

하지만 자신감이 없는 사람은 다른 사람의 아픔에 쉽게 공감할 수 있어 누군가 고민을 털어놓을 때 진심으로 응해줄 수 있다. 그리고 조금만 연습한다면 자신도 누군가에게 잘 기댈 수 있다. 자신감이 없어도 괜찮다. 나뿐 아니라 모든 사람은 누군가를 필요로 한다. 상대에게 건강하게 의지할 수 있을 때 자연스럽게 행복해질 수 있다.

자신감이 없어도 행복해지기 위한 첫걸음. 이제 당신은 그 준비를 마쳤다.

2장

미움받을 용기?
없어도 충분하다

-이상적인 관계는 서로 기대기

무수한 사람들 가운데 나와 뜻을 함께할 사람이
한둘은 있을 것이다.
그것으로 충분하다. 바깥 공기를 마시는 데
창문은 하나면 족하다.

-로맹 롤랑

강인한 심리학자,
프로이트

지그문트 프로이트(Sigmund Freud), 칼 구스타프 융(Carl Gustav Jung), 그리고 최근 많은 사람들에게 주목받고 있는 알프레드 아들러(Alfred Adler).

우리에게 익숙한 심리학자로 코헛보다 이 세 사람을 떠올리는 사람이 많다. 이번 장에서는 저명한 이 학자들의 이론을 비교하는 것을 시작으로 코헛에 대해 조금 더 깊이 이해해 보려 한다. 프로이트와 융, 아들러에 대한 관련 도서들은 이미 많이 출간되어 있는 만큼, 여기서는 이들의 이론을 간략하게 압축해 코헛과 비교하며 소개하겠다.

이들에 비해 일본에서 코헛은 대중적으로 잘 알려져 있지 않다. 그 이유는 무엇일까?

우선, 일본에는 미국으로 유학을 떠나 그곳의 최신 정신분석학을 연구하는 정신과 의사나 심리학자가 거의 존재하지 않는다. 또한 심리 치료에 비용을 지불하는 사람도 잘 없다. 정신과 의사도 5분쯤 이야기를 들어 준 뒤 약을 처방하는 편이 훨씬 수입이 좋고, 심리학자도 대학교수가 되는 것이 카운슬링 실력을 키우는 것보다 수입 면에서 더 낫다.

그러다 보니 미국에서 일반화된 환자를 편안하게 해 주고 치료 효과도 높은 최신 치료법이 일본에는 쉽게 전해지지 않는다(연구하는 나의 역부족 때문이기도 하지만). 코헛의 지명도가 낮은 것은 이런 이유 때문일 것이다.

그런데 프로이트나 아들러와 비교하면 코헛의 이론이 얼마나 새로우며 인간의 마음을 얼마나 가까이에서 들여다보는 사고방식인지, 왜 미국에서는 코헛 이론을 토대로 치료하는 경우가 많은지 이해할 수 있다.

정신분석학의 창시자로 불리는 프로이트는 연구에서 몇 가지 중대한 변화를 거쳤고, 최종적으로는 인간의 마음을 '자아(ego)', '초자아(super ego)', '이드(id)'라는 세 가지로 나누어 생각하기에 이르렀다. 그리고 **프로이트는 '자아를 단련**

하는 것이 인간의 성장'이라 여겼다.

이 '자아'에 대해서는 프로이트의 딸이자 정신분석가인 안나 프로이트(Anna Freud)가 후에 상세한 연구를 거듭해서 '자아 심리학'이라는 이론으로 발전시켰다. 많은 사람들이 이 이론을 받아들였고, 1950년대 미국의 정신분석은 대부분 자아 심리학을 토대로 이루어졌다.

사실 그 전에 프로이트의 논조는 '사람은 무의식중에 과거의 영향을 깊게 받기 때문에 그 문제를 해결하지 않으면 안 된다'는 것이었다. 그에 비해 새로 발표한 '자아를 단련해 성장하자'는 메시지는 매우 이해하기 쉬웠다. 그만큼 사람들 사이에서 받아들여지기도 수월했다.

다만 실제로 그 '단련 방법'이 무엇인가에 관해서는 어딘가 애매한 점이 남아 있었다. 이것은 애당초 '자아'의 정의가 불분명한 데서 발생한다. 프로이트의 '자아'는 '이성(理性)'으로 대치할 수 없는 미묘한 개념인데, 이 책에서 우리는 '프로이트는 이성과 비슷한 자아를 단련함으로써 정신도 강해지고 안정된다고 생각했다'고 간단히 해석하자.

그런 프로이트식의 고전적인 치료에서는 대략 3년에서 5년의 기간에 걸쳐 환자의 정신분석을 실시한다. 이 과정을 마치면 그 시점에서 환자의 자아는 상당히 단련되어 있으며, 그 후에는 더 이상 남에게 의지하지 않아도 살아갈 수 있는 상태가 된다고 보았다.

실제로 프로이트는 노년에 암으로 힘든 투병 생활을 했지만 누군가에게 기대지 않고 자신의 이성의 힘과 정신력으로 극복하려고 했다. 코카인을 이용한 국소 마취법을 발견했지만 암의 통증이 느껴져도 절대 코카인을 사용하지 않았다는 에피소드는 그의 신념을 잘 보여 준다. 이성의 힘을 믿었던 프로이트는 이처럼 강인한 사고방식의 소유자였다.

참고로, 병을 앓으면서 고립의 길을 선택한 프로이트와 달리 코헛은 사람이 나이가 들수록 의존적이 되는 것은 당연하다고 생각했다. 코헛은 68세로 짧은 생애를 살았는데, 죽기 사흘 전까지 강연을 하고 제자들에게 둘러싸여 말년을 보냈다.

목적을
중요하게 여긴 아들러

유명 정신과 의사이자 심리학자였던 융이 프로이트의 무
의식론을 더욱 파고들었던 것과 반대로, 아들러는 무의식을
중요하게 여기는 프로이트로부터 거리를 두었다. 아들러는
원래 인간의 마음은 무의식이나 의식으로 나눌 수 있는 것
이 아니며 '자신의 의사가 무의식에 따라 왜곡된다는 것은
단순한 변명에 불과하다'고 생각했다.

　예를 들어 한 아이가 갑작스럽게 복통을 느낀다고 해 보
자. 이를 두고 프로이트는 학교에 가는 것이 불안한 아이의
'무의식'이 복통을 만들어 낸다고 보았지만, 아들러는 복통
이 일어나서 학교에 가지 않으면 그것은 '본인의 의사에 의

한 것'이라고 보았다. 요컨대 아들러는 인간의 행동을 '원인론'이 아닌 '목적론'으로 여겼다.

그래서 아들러의 방식으로 보자면 아이는 과거의 트라우마나 무의식에 따른 불안 증상 때문에 등교를 거부하는 것이 아니라, 이를테면 '학교에서 웃음거리가 되고 싶지 않다', '학교에서 불쾌한 일을 당하기 싫다' 등의 목적 때문에 등교거부라는 수단을 정했다는 의미가 된다. 결국 아들러는 프로이트의 트라우마 이론을 완전히 부정한 셈이다.

이러한 접근 방식을 바탕으로 아들러는 '사람은 늘 목적을 갖고, 또 목적에 대한 해결 방법을 유연하게 바꿈으로써 얼마든지 달라질 수 있다'고 생각했다.

불량 청소년이 한 명 있다고 가정해 보자.

첫 번째 치료자는 이 아이의 이야기를 꼼꼼히 들은 뒤 과거에 '부모의 사랑을 받지 못했다'고 판단한다. 그래서 아이가 비뚤어졌다고 진단한다. 이것이 프로이트식 사고다.

반면에 아들러식의 두 번째 치료자는 학업 성적으로 사람들의 인정을 받지 못해 열등감을 느낀 이 아이에게 자기 나름의 '목적'이 있다고 판단한다. 공부로 인정받지 못한다면 그 대신 나쁜 짓이라도 해서 인정받자는 목적 말이다. 그래서 주변 사람들이 "네가 이렇게 나쁜 짓을 하다니!"라고 주목하면 이는 아이의 목적을 충족시켜 주는 셈이 되고, 아이는 더더욱 나쁜 짓을 하게 된다고 생각한다.

그렇다면 아들러는 이 청소년을 과연 어떻게 다뤄야 한다고 보았을까?

아들러의 해결법과
코헛의 해결법

혹시 〈허리케인 죠〉 원제는 <あしたのジョー(내일의 죠)>로, 부랑아 출신 복서의 일대기를 그린 1970~1980년대 일본 만화다 라는 옛 만화를 본 적이 있는가? 여인숙 거리를 어슬렁거리던 불량소년이 권투를 하게 되면서 최강 챔피언과 시합할 때까지의 과정과 소년의 성장을 그린 이야기다.

아들러는 앞의 글에서 살펴본 예에서처럼 아이가 '나쁜 짓으로 사람들의 주목을 받겠다'는 목적이 아니라, 이 만화의 주인공인 야부키(죠)처럼 '권투 챔피언이 되어서 사람들에게 인정받겠다'는 목적을 가지면 된다고 보았다. 즉, 바람직하지 않거나 옳지 않은 목적을 다른 좋은 목적으로 바꿔

놓는 것이다. 목적이 바뀌면 행동도 바뀌므로, 불량 청소년이 되어 악행을 저지르는 일도 당연히 없어진다.

반면에 코헛은 말썽을 부리는 아이의 행동 원인을 애정 부족으로 보고 주위에서 애정을 주며 따뜻하게 대할 것을 권한다. 〈허리케인 죠〉를 놓고 보자면, 죠를 여러 형태로 지원해 주고 동시에 죠에게 호의를 갖고 있는 재벌가의 딸 시라키 요코가 하는 역할을 가리킨다. 물론 죠는 그 밖에도 관장을 비롯해 많은 사람들의 도움과 응원을 받은 덕분에 '달동네의 별'로서 복서의 길을 갈 수 있었다. 그리고 이것이 코헛식 해석이기도 하다.

'원인'에 주목하는 것이 프로이트라면, '결과'에 주목하는 것이 아들러다. 그래서 아들러식 해결법은 '불량한 아이에게 권투를 가르치는 것'이 된다. 또 일단 아이가 권투 선수로서 옳은 길을 걷기 시작했다면, 과거에 부모의 애정을 받지 못한 채 시설에서 성장했다는 사실이나 불량한 아이였다는 사실은 문제가 되지 않는다.

그러나 코헛은 거기서 끝내지 않는다. 아이의 고독한 마음을 다독여 주고 애정을 쏟는다. 아이의 내면에서 치료를 시작하려는 것이다. 한편 프로이트는 코헛처럼 애정을 쏟아 봤자 그 사람이 나아지지는 않는다는 견해를 갖고 있었다. 그리고 이는 아들러도 다르지 않았다. 말하자면 아들러의 관점은 '자기 일은 스스로 해결하라'인 셈이다.

칭찬, 해야 할까
하지 말아야 할까?

아들러는 아이를 칭찬하지 말라고 한다. 칭찬을 하면 아이는 더욱 부모 마음에 들기 위해서 '부모의 의견'에 따르려 하기 때문에 바람직하지 않다는 것이다.

반면에 코헛은 아이를 칭찬할 것을 권한다. 이제 막 걸음마를 시작한 아이에게 "잘한다, 잘한다!"라고 말해 주면 아이는 부모를 기쁘게 하기 위해 더욱더 잘 걸으려 하기 때문이다. 즉, 아들러가 부정한 것을 코헛은 긍정했다. **코헛은 기본적으로 상대를 기쁘게 해 주는 것을 긍정한다.**

그런데 이렇게 전혀 달라 보이는 코헛과 아들러의 이론은 모두 '공감'을 중시한다는 점 때문에 언뜻 비슷해 보이기도 한다. 이때 공감이란 상대의 눈으로 보고 상대의 귀로 듣는 것을 말한다. 상대 입장에서 상대의 마음을 상상하는 태도이다. 다만, 두 사람이 공감을 중요하게 여긴 이유는 확연히 다르다.

아들러는 공감을 통해 상대가 '무엇을 목적으로 하는지' 알 수 있다고 했다. 말하자면 그는 상대의 목적을 알기 위해서 공감하는 것이다. 왜냐하면 상대의 목적만 파악하고 나면 예를 들어, '사람들의 눈에 띄는 것이 목적이니 불량스러운 짓을 그만두게 하고 대신 권투를 권하는 것'이 가능해지기 때문이다.

그러나 코헛은 상대의 '심리적 욕구'를 알기 위해 공감한다. 상대가 지금 가장 원하는 욕구를 충족시킴으로써 사람은 정신적으로 안정되고, 또 인간관계를 돈독하게 할 수 있다고 생각해서다.

그래서 **칭찬을 해 주면 상대에게 맞추려고 하기 때문에 칭찬을 지양해야 한다고 생각한 아들러와 달리, 코헛은 칭찬을 통해 상대의 욕구를 충족시킬 수 있다면 상대를 칭찬함으로써 기쁘게 해 주는 것이 좋다고 보았다.**

이쯤에서 매우 가난한 여자아이가 등장하는 드라마 〈집

없는 아이(家なき子)〉〉1990년대 일본의 드라마. 가정 폭력을 당하는 초등학교 여학생이 어려운 환경에서도 좌절하지 않고 살아가는 모습을 그렸다. "동정할 바에는 차라리 돈을 줘"라는 극중 대사가 유행어가 될 만큼 당시 큰 화제를 불러일으켰다를 가져와 보자. 아들러와 코헛은 이 아이에게 어떻게 대응할까?

아마도 아들러는 아이의 아픔에 공감함으로써 '이 아이는 돈을 원한다'는 상대의 목적을 파악할 것이다. 그리고 '돈을 벌 수 있는 방법을 찾아 주자'며 그에 맞는 해결 방법을 제시할 것이다. 상대가 필요로 하는 돈을 벌기 위한 새로운 '목적'을 주는 것이다.

코헛도 마찬가지로 아이에게 공감할 것이다. 다만 동정한다면 돈을 달라는 상대의 심리적 욕구를 이해하고 '적은 금액이라 미안하지만 이것이라도 갖도록' 돈을 건네는 동시에 상대의 불안한 기분을 진심으로 들여다볼 것이다.

이처럼 코헛은 상대의 진정한 심리적 욕구를 충족시킴으로써 상대의 마음을 안정시키고 돈독한 인간관계를 만드는 것이 올바른 치료라고 생각했다.

물론 둘 중 어떤 접근법으로든 이 씩씩한 '집 없는 아이'는 역경을 딛고 다시 우뚝 일어설 것이다. 마음이 건강한 사람이라면 어떤 방법으로도 바로 설 수 있기 때문이다. 그러나 세상에는 심각한 트라우마를 겪거나 주위로부터 철저하게 무시당한 탓에 자신감을 완전히 잃어버린 사람도 존재한다. 이런 사람들은 아들러처럼 다른 '목적'을 제시해도 '어차피 안 될 거야' 하며 포기해 버릴지도 모른다.

이런 경우에는 그 사람이 지치지 않도록 곁에서 같이 뛰어 주거나 심리적 욕구를 채워 주는 것이 그의 마음의 건강을 되찾는 방법일 수 있다. 즉, 마음이 약해진 사람에게는 코헛이 말한 방식의 의존이 필요하다.

성숙한 인간의 자세
—아들러 편

'사람은 의존적인 생물'이라고 여긴 코헛과 달리 아들러는 '사람이 살아가기 위해서는 공동체의 일원이라는 감각을 가져야 한다'고 생각했다. 이 '공동체 감각'이란 무엇일까?

아들러는 자신의 욕망만 추구할 것이 아니라 모두가 이익을 얻도록 '다른 사람에게 도움을 줄 수 있는 사람이 될 것'을 권했다. 개인이 돈을 벌어도 기부하거나 그 돈으로 모두를 기쁘게 할 수 있는 것을 만들어야 하며, 개인만이 행복해지는 일은 인간 본연의 목적에서 벗어난다고 생각했다.

또 그는 공동체에 속하면서도 자신이 옳다고 생각한 바는 분명하게 발언하는 행동을 중요하게 여겼다. 이를테면 "기초생활보호는 노력 없이 편하게 돈을 받는 뻔뻔한 짓이야"
하고 모두가 흥분할 때 "우울증 때문에 일하는 게 불가능해
서 생활보호를 받는 사람도 있어", "누구나 세금을 내니까
생활보호를 받을 권리도 있지" 하는 식으로 자신의 의견을
소신껏 밝히는 것이다.

즉, 공동체 감각은 모두에게 맞추는 정신이 아니다. 예를
들어, 집단 내에서 자기 혼자만 의견이 다를 때 '괜히 내 생
각을 말했다가 따돌림을 당하진 않을까' 염려한다면 그는
확고한 공동체 감각을 익히지 못했다고 할 수 있다.

공동체 감각은 자신이 공동체에 공헌하는 한 인간이라는
의식을 갖는 것을 의미한다. '나는 나'라는 주체성과 '나는
공동체의 일원'이라는 귀속 의식을 함께 갖는 것이다.

그리고 아들러는 우리가 이런 의식을 갖는다면 '나만 좋
으면 돼'처럼 자신의 이익만 생각하는 동물적인 사고방식에
빠지지 않을 수 있다고 보았다. 또한 **아들러는 이러한 '공동
체 감각을 갖는 것'이 인간의 성장에 매우 중요하다고 생각
했다.** 성숙한 사람에게는 자신이 공동체의 일원이라는 감각
이 있다고 본 것이다.

성숙한 인간의 자세
—코헛 편

아내가 다른 사람과 바람을 피운 것 같다며 괜한 트집을 잡아 폭력을 행사하는 남편이 있다고 해 보자. 이 남자는 '나만 사랑받아야 한다', '폭력을 써서 스트레스를 풀고 싶다' 하는 이기적인 생각에 사로잡혀 있을 뿐 아내에게는 아무것도 해 준 것이 없다. 왜곡된 자기애만 있을 따름이다.

코헛은 어느 시기를 경계로 '자기애 심리학'에서 '자기 심리학'으로 이론의 모델을 바꾼다. 그리고 자기 심리학에서 그는 주관적인 세계, 즉 나 자신에게 충실하자고 말한다.

이것이 '자신을 단련해서 성실한 사람이 되자'는 의미가 전혀 아니라는 점은 앞에서도 이미 설명한 바 있다. 코헛이 말하는 '자기 충실'이란 다른 사람의 도움을 받기 위해서 '다른 사람에게 건강하게 기대는 능력을 높이자', '다른 사람과 잘 어울리는 능력을 키우자'는 것이다. 코헛은 다른 사람의 존재 없이는 자신의 존재가 성립하지 않는다고 생각했기 때문이다.

지금 당신의 눈앞에 파란색 공 하나가 있다고 가정하자. 당신은 이 공이 '파랗다'고 느끼고 있다. 그리고 옆 사람 또한 "파란 공이네요"라고 말해 주었다. 여기서 당신은 그 공이 '파란색이 맞구나' 하는 현실적인 감각을 가질 수 있다.

공동체 감각을 주장한 아들러의 관점에서라면 어떨까? 아들러는 주위의 모든 사람들이 그 공을 두고 "빨갛다"라고 할 때 당신 혼자만 "파랗다" 하고 주장하면서도, 스스로가 공동체의 일원임에는 변함없다고 생각할 수 있는 인간이 되어야 한다고 말한다. 이때 타인의 필요성은 코헛의 관점과 크게 다르다. 아들러는 궁극적으로는 '자신의 마음에 달렸다'는 입장이기 때문이다.

반면에 코헛에 따르면, 사람에 따라 공의 색깔을 파란색 또는 빨간색으로 서로 다르게 인식하는 것은 당연한 일이다. 다만 이때 한 명이라도 좋으니 자신의 생각도 똑같다고 말해 주는 사람이 필요하며, 이로써 사람은 마음은 안정될 수 있다.

거듭 말하자면 코헛은 다른 사람에게 심리적으로 기대는 능력 및 사람들과 잘 어울리는 능력을 높이는 것이 정신분석 치료의 최종 목표라고 생각했다. 결국 그의 사상을 나타내는 핵심 단어는 '공감'이라 할 수 있다.

공감을 통해 상대의 심리적 욕구를 채워 줌으로써 인간관계는 깊어진다. 그리고 이렇게 인간관계가 깊어지면, 상대 역시 다른 사람을 신뢰하고 기대는 자세를 배우게 되어 인간적으로 성숙해질 수 있다.

'강함'을 믿은 아들러,
'나약함'을 긍정한 코헛

앞에서 살펴보았듯 아들러는 '상대에게 맞출 필요는 없다', '남이 어떻게 생각하건 자신의 길을 걸어 나가야 한다', '자신의 목적에 맞는 해결 방법을 생각하라'는 이른바 '자기' 우선형 사고방식을 내세웠다.

그에 비해 코헛은 '사람은 혼자서는 살 수 없다', '상대에게 맞추는 자세도 긍정해야 한다'는 '타자' 우선형 관점을 취하고 있다. 다시 말해 코헛은 인간관계에서 '기브 앤드 테이크(give and take)'를 중시한 셈이다.

이와 같이 아들러와 코헛은 근본적인 인간관에 차이가 있다. 물론 두 사람 모두 프로이트와 달리 '사람의 무의식보다

의식을 존중했다'는 점에서는 동일하다. 프로이트의 '자아론'은 무의식에 영향을 끼쳐 정신을 안정시킨다는 관점이므로 아들러나 코헛의 접근법과는 완전히 다르기 때문이다.

아들러와 코헛은 똑같이 '공감'을 수단으로 하지만, 그 이유는 비슷하면서도 서로 다르다. 아들러는 '상대의 목적을 알기 위해' 공감을 한다. 그리고 이렇게 파악한 목적을 상대가 달성하도록 방법을 제시해 준다. 한마디로 '용기 부여'를 하는 셈이다. 반면에 코헛은 '상대의 심리적 욕구를 이해하기 위해' 공감을 한다. 그래서 상대가 불안해하면 옆에 있어 주고, 칭찬받고 싶어 하면 칭찬해 주는 것이다.

말하자면 **아들러는 인간의 본질적인 '강함'을 믿은 인물로, 인간의 '나약함'을 긍정하고 포용하려 한 코헛과는 상당히 대조적이다.** 수많은 심리학자 중에서도 아들러는 상당히 강한 타입의 이론을 펼쳤다. 인간이 본래 갖고 있는 힘을 신뢰한 그는 '고독도 괜찮다', '아무리 비참한 과거를 갖고 있더라도 마음가짐에 따라서 얼마든지 달라질 수 있다'고 주장했다. 아들러의 이런 이론을 참고로 한《미움받을 용기》는 단숨에 베스트셀러가 되었고, 일본에서는 드라마로 제작되기까지 했다.

참고로 프로이트는 어땠을까? 사람은 원래는 약한 존재이지만, 자아를 단련함으로써 타인에게 의지하지 않아도 괜찮을 만큼 강해질 수 있다는 입장이었다.

이렇게 각각의 이론을 따라가 보면, 확실히 프로이트와 아들러의 이론은 일리가 있어 보인다. 더구나 오늘날 아들러는 꾸준히 높은 인기를 얻고 있지 않은가.

그러나 코헛의 말대로 사람의 주관은 저마다 다르다. 아들러의 이론을 '내게 딱 맞는 이야기'라며 좋아하는 사람이 있는가 하면, '나와는 맞지 않다'고 느끼는 사람도 있을 것이다. 이들이 코헛을 알았으면 하는 것이 나의 바람이다.

지금은 약함을 인정하지 않는 시대, 약자에게 냉정한 시대다. 그렇기 때문에 인간의 약함을 인정하고 감싸 주는 코헛의 사고방식이 더더욱 필요하다.

가장 건강하게
기대기

지금부터는 코헛의 이론을 조금 더 자세히 살펴보자.

우선 코헛은 상대에게 건전하게 의지할 수 있는 힘을 갖자고 했다. **코헛이 이상적으로 여긴 것은 '상호 의존'이라는 관계다.** 말 그대로, 내가 상대에게 기대는 대신 상대도 내게 기댈 수 있게 하는 관계다. 상대가 기댈 때 확실하게 응해주면서 좋은 영향을 주는 인간관계인 것이다.

이러한 상호 의존에는 여러 가지 형태가 있을 수 있다. 이는 눈에 보이는 것이 아닌 심리적인 기브 앤드 테이크이므로 똑같은 것을 교환하는 게 아니다. '천만 원을 빌렸으니 천만 원을 돌려주겠다'는 식으로 수치로 딱 들어맞는 방식이 아니라는 뜻이다.

예를 들면 다음과 같은 관계라 할 수 있다. 부부 중 한 사람이 경제적인 면을 담당하고 나머지 한 사람이 가사를 담당하는 경우, 또는 공부를 잘하는 A가 평소 B에게 공부를 가르쳐 주지만 A가 괴롭힘을 당할 때는 B가 달려와서 도와주는 경우 등이다.

우리는 흔히 이렇게 말한다.

"어머니는 아무런 대가 없이 사랑을 베푼다."

실제로 어머니의 무한한 애정을 이야기하는 미담이 많다. 특히 어머니가 오로지 자식에게 사랑을 주기만 하는 내용이 압도적이다. **그런데 사실 이 역시 심리적으로는 '주고받는' 관계다.**

365일 쉴 새 없이 계속되는 고된 육아 속에서도, 아이가 생긋 웃어 주거나 간식을 맛있게 먹어 주는 순간이 있을 것이다. 이때 어머니는 아이에게서 사랑과 기쁨을 얻는다. 아이가 웃어 주고 좋아해 주기 때문에 힘겨운 육아를 견딜 수 있다. 따라서 이는 일방적인 관계가 아니다.

한편, 아이가 유난히 제멋대로 굴거나 손이 많이 가는 날에는 아무리 부모라도 화가 치밀 때가 있다. 이는 사람이기 때문에 당연한 현상이다. 땀을 뻘뻘 흘려 가며 열심히 달래 주는데도 여전히 큰 소리로 울거나 소리를 마구 지른다면, 아무리 아이가 아직 어려서 그렇다는 걸 이해하더라도 답답하고 화가 날 수밖에 없다.

이처럼 어머니와 아이의 관계 또한 서로의 심리적 욕구가 채워지기에 더욱 돈독해지는 것이다. 그러니 아이를 돌보면서 지치거나 화가 났다고 해서 '내가 부모 자격이 없는 건 아닐까?' 하며 자책할 필요는 없다.

환자를 돌보는 일에서도 이는 마찬가지다. 예를 들어, 간병인이 열심히 간호를 하고 있는데 환자인 노인이 나직이 "미안하네……"라며 한마디를 건넸다고 해 보자. 이런 말을 들으면 왠지 더 잘 보살펴 드리고 싶은 마음이 생길 것이다.

그러나 노인이 치매가 심한 나머지 "쓸데없는 짓 마라!", "저리 꺼지지 못해!" 하고 폭언을 퍼붓는다면 어떨까? 피해망상 때문에 "네가 내 거 훔쳤지?"라며 간병인을 도둑 취급까지 한다면?

이성적으로는 그가 병 때문에 인지력이 떨어져서 그렇다는 사실을 알고 있지만, 간병인도 사람이기에 자신의 노고를 인정받지 못하면 어쩔 수 없이 허탈함을 느끼게 된다.

일반적으로 우리 사회에서는 육아나 간병을 미화하여 바라보는 경향이 있다. 그래서 아이를 키우거나 환자를 돌보는 사람들 중 일부는 자신이 지치거나 짜증이 난다는 사실에 죄책감을 느끼곤 한다. 그러나 코헛의 이론으로 보면 이는 이상적인 의존관계에서 벗어났기 때문에 생기는 현상으로, 어디까지나 자연스러운 일이다.

당신이 부모 혹은 간병인이라면, '나는 왜 기분 좋은 얼굴로 내 역할을 다하지 못할까' 하며 자책하지 말자. 적어도 정신과 의사로서 코헛과 내가 전하는, "화가 나거나 짜증이 나는 건 당연하다"는 말을 떠올리며 조금이나마 마음이 편안해지기를 바란다.

인간관계에서 우리가
바라는 세 가지

코헛이 이상적으로 생각한 의존관계, 다시 말해 기브 앤
드 테이크 관계를 실현하려면 무엇이 필요할까? 그것은 바
로 앞에서도 언급한 바 있는 '공감 능력'이다. 기브 앤드 테
이크의 '기브(give)', 즉 '주다'라는 행위에서 '상대가 무엇을
원하는지' 정확히 인식하는 것은 매우 중요한 과제다.

코헛은 인간관계에서 사람의 기본적인 심리적 욕구는 오
직 세 가지뿐이라고 했다. 뒤집어 말하면, 당신이 상대방에
게 그 세 가지를 만족시킬 수 있으면 그는 당신을 긍정적으
로 생각하게 된다. 여기서 세 가지 욕구란, '거울 자기대상
(mirroring self object)' 욕구, '이상화 자기대상(idealizing self object)'

욕구, 그리고 '쌍둥이 자기대상(twinship self object)' 욕구다.

코헛에 따르면 사람은 누구나 이 욕구들을 충족시켜 주는 대상을 원한다. 성공한 사람이든 괴짜라 불리는 사람이든 이를 원하지 않는 사람은 없다. 먼저 각 대상 개념을 대략적으로 소개하자면 다음과 같다.

① 거울 자기대상

'이 사람만큼은 나를 인정한다.', '이 사람만큼은 내게 주목한다.'

우리는 눈앞에 있는 상대를 통해 나의 존재를 인정받고 확인받을 때가 있다. 이렇게 마치 거울처럼 나의 욕구를 반영하는 상대를 '거울 자기대상'이라고 한다.

거울 자기대상은 단순히 겉치레 말을 하는 존재가 아니다. **상대가 칭찬받고 인정받고 싶어 하는 점을 파악해서 그의 심리적 욕구를 채워 주기 때문에 '거울 자기대상'이다.**

누군가의 거울 자기대상이 되고자 한다면 외모가 예쁜 사람에게 '예쁘다'라는 식의 누구나 할 수 있는 칭찬이 아니라 '당신의 내면을 제대로 바라보고 있다', '당신은 외모뿐 아니라 성격도 좋다'는 메시지를 보내는 태도가 중요하다. 칭찬할 부분을 찾기 위해서 상대를 잘 관찰해야 한다.

② 이상화 자기대상

'이 사람이 있으면 버틸 수 있다', '이 사람이 있으니까 문제가 없을 거다'.

심리적으로 불안할 때 신뢰하고 기대게 되는 상대, 그것이 '이상화 자기대상'이다. 달리 말하면 의지가 되는 존재다.

그런데 당신이 "나는 이런 대단한 사람과 일한다"고 자랑하거나 "좋은 대학을 나왔다"고 과시한다고 해서 상대에게 이상화 자기대상이 되는 것은 아니다. 당신의 자랑을 순순히 받아들여 주는 사람이라면 모를까, 게다가 그 정도로 순진하게 받아들이는 경우는 거의 없다.

만일 당신이 상대의 이상화 자기대상이 되고 싶다면, 상대에게 '이 사람은 의지가 된다'는 생각을 자연스럽게 갖게 해야 한다. 예를 들면 부하 직원에게 친절하고 끈기 있게 일을 가르쳐 주는 것, 혹은 영화를 만들고 싶어 하지만 제작비가 없는 신인 감독에게 자금을 투자하는 것 등 여러 경우가 있을 것이다. 상대가 봤을 때 의지할 수 있는 존재가 되는 것이 필요하다. 그렇게 하지 못한다면, 아무리 당신이 부유하고 돈이 넘친다고 자랑한다 해도 상대에게는 '비극적 인간'으로 여겨지는 것이 고작이며 이상화 자기대상은 결코 되지 못한다.

한편, 두 사람의 인간관계에서 한쪽이 '거울 자기대상'이 되고 다른 한쪽이 '이상화 자기대상'이 되는 경우도 충분히 있을 수 있다. 여기서 107쪽 '더 이상 비관하지 말기'를 잠시 읽어 보자. 수재에게 자신의 성격을 칭찬해 주는 열등생은 자신을 인정해 주는 '거울 자기대상'인 데 비해, 열등생에게 수재인 학생은 의지가 되는 친구라고 느끼는 '이상화 자기대상'이다.

또한 이상화 자기대상은 '이 사람과 같이 있으면 나도 강해질 수 있을 것 같다'는 느낌이 들게 하는 사람이다. 간혹 '그 정치인의 전화번호를 알고 있다' 혹은 '그 연예인과 친구 사이다' 하면서 상대를 멋대로 이상화 자기대상으로 삼는 사람이 있는데, 이는 사람들이 유명 브랜드의 제품을 소유하거나 고급 승용차를 타는 것과 똑같은 감각이다(이것도 일종의 이상화 자기대상일 수는 있지만). 옆에서 보면 이런 사람은 살짝 한심하게 느껴지기도 한다.

코헛적인 인간관계에서는 '사실은 상대가 어떻게 생각하

는가'를 늘 의식한다. 따라서 상대는 전혀 흥미를 느끼지 못하거나 심지어 잘 알지도 못하는데 자신이 그런 유명인과 아는 사이라고 자랑을 계속한다면, 남들의 눈에는 그저 어리석은 사람이 되는 것이다.

경우를 조금 바꿔서, '알고 지내던 사람이 유명해졌다'는 상황이라면 어떨까? 고향 사람이 대통령이 되었다거나 올림픽에서 우리나라 선수가 금메달을 땄을 때 말이다. 우리는 자기 일처럼 크게 기뻐하며 뿌듯해하곤 한다. 당신도 적지 않게 경험했을 것이다.

이는 상대를 '이상화 자기대상'으로 보아 동향 출신의 대통령과 국가대표 선수에게 자신을 투영해, 마치 자신이 성공한 것처럼 느끼기 때문이다. 이것은 매우 자연스러운 일로, 한심한 경우는 아니라 하겠다.

③ 쌍둥이 자기대상

'쌍둥이 자기대상'은 자신과 비슷한 상대를 말한다. 즉, 나와 가까운 존재라고 느끼는 사람으로, 안정감을 주는 사람을 가리킨다.

예를 들어, 내가 한 학생에게 "나도 젊었을 때는 그런 성격이었고, 그래서 똑같은 문제로 고민했었어"라고 고백하면 그 학생은 "선생님도요?" 하고 동조한다. 이것이 쌍둥이 자기대상이다. 이렇게 상대가 자신과 비슷한 존재라고 생각함으로써 안정감을 갖게 된다.

약간 복잡하게 여겨지겠지만, 인간관계에서 우리는 '이 사람만큼은 나를 주목하고 있다(거울 자기대상)'거나, '이 사람과 같이 있으면 나까지 힘이 난다(이상화 자기대상)', 혹은 '이 사람과 나는 비슷하다(쌍둥이 자기대상)'라고 느끼는 사람이 있으면 그에게 호감이 생기고 마음도 든든해진다. 이것이 우리 인생을 풍요롭게 하는, 코헛식 인간관계의 '세 가지 역할'이다.

상대의 '거울'이
되어 보자

코헛 심리학을 실생활에 활용하려 할 때 특히 유용한 것
이 바로 인간관계에서 사람의 첫 번째 욕구, 즉 '거울 자기
대상을 원하는 심리'다.

예를 들어, 당신이 이직한 회사에서 마음을 털어놓을 사
람은커녕 점심을 함께 먹을 사람도 없이 외롭게 하루하루를
보내고 있다고 해 보자. 그러던 어느 날 다른 부서에 근무하
는 또래 직원이 말을 걸어왔다.

"점심 같이 드시겠어요?"

자신이 일하는 부서에서는 외톨이인 당신이지만, 점심을
같이 먹으며 가까워진 그 동료만큼은 늘 당신의 일을 격려

해 주고 당신의 작은 심리적 변화도 알아채서 여러 가지를 배려한다. 무엇보다 당신을 항상 믿고 인정해 준다.

'저 친구가 없었다면 난 벌써 회사를 그만뒀을 거야.'

이렇게 생각하면서 당신은 오늘도 그와 점심을 함께한다.

코헛에 따르면 이 동료가 바로 '거울 자기대상'이다. 그 사람만큼은 나를 인정해 주기에, 그의 존재를 통해 나의 존재를 확인할 수 있기 때문이다.

앞의 예시에서처럼, 새로운 환경이나 익숙지 않은 상황에서 혼자 시간을 보내면 누구나 자신의 '거울'이 되어 줄 상대를 원하게 된다. 따라서 만일 누군가를 보고 **'저 사람의 마음에 들고 싶다!'는 생각이 든다면, 당신이 그 사람의 '거울'이 되면 된다. 겉치레 말을 할 것이 아니라 '제대로 나를 알아주는 사람이 있구나' 하는 감각을 갖게 하면 된다. 먼저 상대를 인정하고 받아들이는 것이다.**

단, 여기서 주의해야 할 점이 있다. 상대가 무엇을 원하는지, 그 욕구를 착각하지 말아야 한다. 예를 들어, 키가 큰 사람에게 "키가 정말 크네요!"라고 말해 봤자 이는 상대의 마음에 특별하게 전해지지 않는다. 누가 봐도 부자인 사람에게 "정말 돈이 많으시군요!" 하는 것과 똑같다. 그들에게 이런 말은 이미 너무 많이 들어서 익숙하기 때문이다.

이것은 '개인 심리학'을 주장한 아들러의 '공감' 개념과도 가까운 사고방식이다. 아들러와 코헛의 공감은 그 목적에 서로 차이가 있다고 앞에서도 이미 말한 바 있지만, 두 이론 모두 상대의 입장에 서 보는 자세를 중요하게 여긴다. 그리고 이렇게 상대의 입장이 되는 일에는 연습이 필요하다.

그렇다면 코헛이 말하는 공감은 구체적으로 어떤 것일까? 코헛식 공감을 습득하면 주위의 호감을 얻는 사람이 될 수 있으며, 삶도 지금보다 수월해질 수 있다. 지금부터 알아보자.

상대가 '칭찬받고 싶어 하는 것'을 칭찬하자

'공감'이란 상대방의 입장에서 사물을 생각하고 상상해 보는 것이다. 그런데 왜 공감이 중요한 것일까? 공감을 함으로써 비로소 보이는 것들이 있기 때문이다.

상대방의 입장이 되어 '이 사람은 무슨 말을 해 주면 기뻐할지' 미리 생각해 보자. 예를 들어 외모가 아름다운 여성에게는 "당신은 미모도 뛰어나지만 사실은 주위를 배려할 줄 아는 사람이네요"라고 말해 줄 수 있다. 부자에게는 "당신은 부유한데도 거드름 피우지 않는 성격이라 대화하기가 편해요"라고 이야기해 줄 수 있다. 만일 당신이 상대방이라면 이런 말에 기분이 좋아지지 않을까?

결국 상대가 '나의 이런 점에 주목해 주었으면 좋겠다'라고 생각하는, 그 욕구를 파악하는 것이 가장 중요하다. 상대가 인정받고 싶어 하는 부분을 찾아서 칭찬해 주는 것이다. 주변을 보면 간혹 외모가 그다지 출중하지 않은 남성과 빼어난 미모의 여성이 결혼에 이르는 경우가 있다. 그들은 어쩌면 상대의 욕구를 정확히 파악한 사람들일지 모른다.

예를 들어, 외모가 아름다운 사람일수록 '자신을 외모 외의 면에서 평가해 주는' 상대에게 약하다. 그처럼 '타인이 무심코 칭찬해 주는 부분'과 '내가 정말로 칭찬받고 싶어 하는 부분'이 불일치하는 경우는 많다. 아니, 누구에게나 이런 부분이 있다고 해도 과언이 아닐 듯하다. 그러니 상대의 욕구가 무엇일지 주위 사람을 대상으로 한번 상상해 보자.

칭찬의 달인이란 단순히 겉치레 같은 말을 잘하는 사람이 아니다. 상대가 칭찬받고 싶어 하는 핵심을 정확히 집어내는 사람이다. 반면에 그런 욕구를 알아채지 못하는 사람은 심지어 미움을 받기도 한다. 이를테면 아내가 헤어스타일을 바꿨는데 전혀 몰라본 남편은 오히려 "예전 스타일이 더 나은데?" 하고 쓸데없는 소리를 덧붙이기까지 한다. 이는 어떤 말을 해야 상대가 기뻐할지 생각하기는커녕 어떤 말을 들으면 싫어할지조차 염두에 두지 않은 태도다.

그런데 '상대가 뭘 칭찬받고 싶어 하는지 모르겠다'는 경우도 있을 것이다. 그럴 때는 먼저 상대의 말과 행동을 유심히 관찰해 보자. 자세히 들여다보면 '이 사람은 이미지를 바꾸기 위해서 옷차림에 신경을 쓰고 있다' 혹은 '이 사람은 말수가 원래 적은 줄 알았는데, 사실은 신중해서 그런 것이다' 하는 부분들이 보이기 시작한다.

그러면 이를 그 사람에게 그대로 말해 보자. 상대가 끄덕이며 기뻐한다면 당신은 공감의 달인으로 향하는 첫 단계를 통과한 것이다.

더 이상
비관하지 말기

　상호 의존 관계에 대해서 나는 종종 이런 상황을 들어 비유를 한다.

　어느 학교에 수재라 불릴 정도로 공부를 잘하는 학생과 항상 그 학생이 필기한 노트를 빌리는 열등생이 있었다. 주변 아이들은 그 열등생을 가리켜 "공부 잘하는 친구 덕에 그나마 지금 같은 성적이 나오는 거야" 혹은 "남에게 의지만 하는 형편없는 놈이야" 하고 뒤에서 손가락질했다.

　그러던 어느 날 열등생이 모두가 보는 앞에서 수재에게 무심코 이렇게 말했다.

　"꼼꼼하게 필기한 노트를 아까워하지 않고 빌려주다니,

넌 성격이 정말 좋구나!"

공부 잘한다는 평판이 자자한 수재로서는 '성적이 좋다', '뛰어나다' 하는 말에는 별다른 감동이 없다. 늘 들어 왔던 이야기인 데다 자신도 잘 아는 사실이기 때문이다. 그런데 이 열등생이 아이들 앞에서 자신의 '성격'을 칭찬해 주었다! 수재는 이른바 공부벌레여서 주위 아이들이 멀리하는 경우도 많았기 때문에, 이 열등생이 한 말에 대단히 기뻤다. 이렇게 열등생의 한마디에 수재의 '자기애'가 충족되었고, 둘 사이에는 '상호 의존' 관계가 형성되었다.

이는 인간관계에서 '상호 의존'이 어떤 것인지 이해하고 상대의 심리 욕구에 '거울'로써 응하는 법을 배울 수 있는 예다. 사람에게 호감을 사기 위해 그럴싸한 칭찬을 한다 해도 상대가 듣고 싶은 말을 벗어나면 전혀 의미가 없다. 거듭 말하는데, 상대가 칭찬받고 싶어 하는 부분을 칭찬하는 것이 중요하다. 그러기 위해서는 상대의 입장에서 생각하고 상대를 관찰하는 것이 깊은 인간관계를 만드는 데에 매우 중요하다.

물론 **아무리 노력해도 상대의 욕구를 정확히 파악하기 어렵거나, 원래 남을 칭찬하는 데에 서툰 사람도 있다. 그러나**

앞의 일화 속 열등생과 같이, 자신도 모르게 우연히 상대의 욕구를 만족시켜 주는 경우도 존재한다. 당신이 대단하게 생각하고 어려워하는 상사나 선배도 사실은 당신이 차츰 성장하는 모습을 보면서 '내가 누군가에게 도움이 되고 있구나' 하며 자기애를 충족시키고 있을지도 모를 일이다.

이처럼 당신은 뜻밖에 누군가의 자기애를 채워 주고 있을 수도 있다. 그러므로 코헛을 알게 된 이상, 이제부터 별 이유 없이 '나 따위가 무슨……'이라고 비관적으로 생각하는 행동은 그만두자. 무의식적으로 그렇게 생각하는 습관부터 버려야 한다.

동정과 공감은
다르다

앞에서 공감이 무엇인지 어느 정도 파악했다면, 여기서는 한 가지 주의해야 할 점을 설명하려 한다. 바로 **'동정'과 '공감'은 전혀 다르다는 사실이다.**

동정은 우리가 이미 알고 있다시피 상대에게 '가엾다', '딱하다' 등의 감정을 품는 것으로, '공감'에 비해 의외로 간단한 행위다.

몇 년 전 일본 구마모토현의 지진 재해 소식이 들려왔을 때 대부분의 사람들이 피해를 당한 이들을 '불쌍하다', '딱하다'고 생각했을 것이다. 아마 자연스럽게 이런 감정이 생겼을 것이다.

그런데 다소 조심스러운 말이지만, 약한 처지에 놓인 사람을 동정하는 것은 그리 어려운 일이 아니다. 오히려 상대에게 '공감'하는 일은 생각보다 어렵다.

예를 들어 회사 동기 가운데 한 명이 다른 동기들보다 빠르게 승진했다거나, 동창 중에서 한 친구만 엄청난 부자와 결혼했다고 해 보자. 반에서 한 아이만 일류 대학에 합격했다는 가정도 좋다. 이런 경우 어떤 생각이 드는가? 내 일처럼 같이 기뻐해 주기는 어려울 것이다.

반대로, 회사 동기나 반 친구 가운데 한 사람만 승진을 하지 못했거나 대학 입시에 떨어진 상황이라면 어떨까? 이때는 모두가 그에게 쉽게 위로를 건넬 수 있다. 하지만 상대에게 잠시나마 위로가 되더라도 그 이상으로 크게 와 닿지는 않는다. 자신을 위로해 주는 사람들은 전부 승진했거나 대학에 합격했기 때문이다.

만약 당신이 혼자서만 승진했거나 합격했는데, 이를 진심으로 기뻐해 주는 사람이 있다면……? 그 사람은 틀림없이 당신이 믿고 의지할 수 있는 인물이 될 것이다. 바로 그는 당신에게 '공감해 주었기 때문'이다.

스스로 의식하건 의식하지 않건, 우리는 누구나 공감을 필요로 한다. 앞에서도 잠시 언급했던 드라마 〈집 없는 아이〉에서 "동정할 바에는 차라리 돈을 줘"라는 대사가 크게 유행한 적이 있다. 이 대사를 두고 "너무 노골적이다", "아이에게 그런 말을 하게 하다니 무자비하다"라고 비판하던 사람들은 공감 능력이 부족해 보인다.

단순히 동정만 받아 봤자 비참해지기 십상이다. 집이 없고 끼니를 걱정해야 하는 가난한 사람에게 필요한 것은 동정이 아닌 돈이다. '불쌍하다'고 동정을 받는다 해도, '살다 보면 좋은 일이 있을 거야'라고 위로를 받는다 해도, 그것으로 빵을 살 수는 없기 때문이다.

누군가를 '위로'할 때
반드시 필요한 것

누군가가 다른 사람을 가엾게 여기는 마음에 그에게 손을 내밀고 싶어 하거나, 자기 나름의 '좋은 말'을 건네는 경우가 종종 있다. 우리 모두 한 번쯤 경험해 봤을 것이다.

그러나 누군가를 위로할 때는 반드시 주의가 필요하다. 위로하는 쪽은 당연히 선한 마음으로 하는 것이지만, 결과적으로 볼 때 상대가 전혀 바라지 않는 것을 제공하는 경우도 흔하게 일어나기 때문이다.

예를 들어, 당신이 실연을 당해 우울해하고 있다고 해 보자. 친구가 이렇게 위로의 말을 건넨다.

"사람은 하늘의 별만큼이나 많아. 분명 너라면 더 좋은 사람을 만날 거야."

그런데 친구에게는 이미 착하고 멋진 연인이 있다. 이때 당신은 어떤 생각이 들까?

'너는 애인이 있으니까 그렇게 느긋하게 말할 수 있겠지!'

아마도 속으로 이렇게 생각할 것이다.

만약 위로하는 친구에게 공감 능력이 있었더라면 그는 우선 다음과 같이 상상을 해 봤을 것이다.

'지금 내가 만나고 있는 사람이 떠나 버리면 나는 어떤 기분일까?'

즉, 친구가 당신의 상황을 '남의 일'이 아니라 '내 일'처럼 여길 수 있었다면 위와 같은 대응은 하지 않았을 것이다. 오히려 이렇게 말하지 않았을까?

"우울한 게 당연해. 나도 애인이 떠나면 한 달은 누워 있을 거야."

아마도 이 말이 훨씬 더 와 닿을 것이다. 이것이 공감이다. '내가 차였더라면 술독에 빠져 살겠지'라는 생각으로 상대에게 "한잔하러 갈까?" 하고 말을 건네는 것이 바로 공감인 것이다.

또 한 가지 예를 들어 보자. 언제 어디서나 당당하고 씩씩한 친구가 있다. 그런데 그가 운영하던 회사가 문을 닫았다는 소문이 들렸고, 곧 그 친구가 찾아와 이렇게 말했다.

"마지막으로 너를 꼭 보고 싶어서……."

그러면 이때 대개는 '동정'의 말을 하게 된다.

"그렇게 늘 당당했는데 한순간에 이렇게 되다니. 네 모습이 믿어지지가 않는다."

그러나 공감할 줄 아는 사람이라면 여기서 어떤 반응을 보일까?

우선 '왜 이 친구가 나를 찾아왔을까'를 상상한다. 그리고 자신이 파산해서 야반도주해야 한다면 어떨지를 생각한다.

그러면 지금 친구에게 무엇이 필요한지 저절로 짐작이 된다. 친구는 신뢰할 수 있는 사람의 얼굴을 보고 싶은 마음도 물론 있었을 것이다. 그러나 이제부터 어딘가로 도망 다녀야 하는 몸이고, 앞으로 어떻게 될지 한 치 앞도 알 수가 없다면? 당장 생활 자금부터 걱정이라는 사실은 두말 할 필요가 없을 것이다. 하지만 친구로서는 염치없이 자기 입으로 돈을 부탁하기 어려울 것이다.

'나라면 돈을 달라는 말을 꺼내기가 어려울 것 같다.'

이런 생각에 당신은 10만 원이든 50만 원이든 갖고 나가서 친구에게 건넬 것이다.

"아내가 돈을 관리해서 현금이 이것뿐인데, 한동안 여길 떠나 있으려면 조금이나마 도움 될지도 모르겠다. 받아."

그러면 친구의 마음은 더없이 든든해지지 않겠는가.

마찬가지로, 일본의 인기 남성 듀오인 차게 앤 아스카 (Chage & Aska)의 곡 〈Yah Yah Yah〉가 뜨거운 사랑을 받은 것도 공감을 원하는 사람들의 기분을 잘 표현한 덕분이다.

이 곡에는 "지금부터 같이, 화나게 만드는 녀석을 때려 주러 갈까"라는, 평범하지 않은 가사가 등장한다. 그런데 이 가사를 많은 이들이 좋아했다. 자신을 화나게 해서 흠씬 두들겨 패 주고 싶은 누군가가 있을 때, 마치 친구가 "같이 그 녀석을 때려 주러 갈까?" 하고 말해 주는 것처럼 느껴지기 때문이다.

물론 상식적으로는 이런 경우 괜히 친구의 일에 가담했다가 범죄자가 될지도 모른다며 주저하게 마련이다. 하지만 이 곡의 인기에서 알 수 있듯, 적어도 감정적으로는 많은 사람들이 친구의 감정에 공감해 주는 우정을 동경한다. 이것이 바로 코헛이 말하는 '공감'이며 '거울 자기대상'이다.

당신은 여전히 '공감이 뭔지 정확히 모르겠다', '나는 공감 능력이 부족하다'라고 생각할지도 모른다. 그러나 복잡하게 여길 필요는 없다. '나였다면……?'이라고 질문해 본다면 누구나 상대방의 상황에 자연스럽게 공감할 수 있다.

비즈니스에도
공감 능력은 필수

공감은 인간관계에만 도움되는 것이 아니다. 대중을 상대로 하는 상품과 서비스도 고객의 공감을 바탕으로 개발되고 또 인기를 얻어 판매되기 때문이다. 즉, **공감은 회사 경영은 물론 상품의 기획·개발에도 중요한 역할을 한다.**

만약 당신이 편의점을 운영한다면, 우선 현실적인 상황에서 고객의 심리를 파악해야 한다. 다음과 같이 생각해 보는 것이다.

'내가 이 근처에서 혼자 살고 있다고 가정해 보자. 그럼 편의점에서 무엇을 얼마나 살까?'

여러 개를 사면 파격적으로 할인해 주는 행사상품이 있어도, 홀로 사는 사람들에게 그 정도로 많은 양은 필요하지 않다. 그러면 그들은 조금 비싸더라도 혼자서 소비 가능한 양의 상품을 주로 구입할 것이라고 예측할 수 있다.

세븐&아이홀딩스(Seven & I Holdings Co.)의 창업자이자 전 회장인 스즈키 도시후미(鈴木敏文)는 고객 입장에서 생각하는 몇 안 되는 경영자 중 한 사람이었다. 편의점 체인 세븐일레븐을 경영할 때 그는 편의점에 진열되는 모든 식품을 시식해 보았다고 한다. 도시락부터 디저트까지 고객이 만족할 맛인지 직접 확인한 것이다. 이는 보통의 경영자는 결코 흉내 낼 수 없는 자세다. "맛이 없다"라는 그의 한마디에 판매가 중지된 상품도 있었다.

"고객 입장에서 생각하라." 이 말을 정말로 실천하는 사람이 과연 얼마나 될까? 수많은 편의점 체인 가운데 세븐일레븐이 일본에서 우위를 차지할 수 있는 것은 이 정도로 고객에게 가까이 다가간 경영자가 있었기 때문이었다.

이번에는 휴대전화를 예로 들어 보자. 당신은 어느 기업의 스마트폰을 사용하고 있는가? 나의 경우, 예전에 한 제조사의 스마트폰을 구입했는데 얼마 동안 사용해 보니 불편한 점이 한두 가지가 아니었다. 예를 들어, 통화를 하려고 휴

대전화를 귀에 갖다 대면 통화 중 대기 모드로 넘어가 버리는 바람에 말소리가 들리지 않는 식이었다. 내 귀가 화면의 버튼에 닿으면 멋대로 작동되기 때문이었는데, 나도 모르게 스마트폰을 만든 사람에게 한마디 외치고 싶었다.

"이거 직접 써 보긴 한 거야?"

왜 이런 일이 일어날까? 사용자나 고객 입장에서 상품을 만들지 않기 때문이다. 그게 전부다. 액정의 화질이 뛰어나고 통화 음질이 깨끗하더라도 통화를 하는데 갑자기 통화 중 대기 모드로 오작동하는 스마트폰은 전혀 쓸모가 없다. 이는 기업의 편의만 생각한 것이다. 실제로 이후 그 회사의 실적은 내리막길에 접어들어 도산 직전의 위기에 빠졌다.

이런 안타까운 사례는 스마트폰 외에 다른 기기에서도 쉽게 찾아볼 수 있다. 컴퓨터도 디지털카메라도 최근에는 그 기능이 너무 다양해진 나머지, 오히려 더 이해하기가 어렵고 작동법이 복잡하다고 느끼는 사람들이 많다. 그러다 보니 중장년층 사이에서는 신제품 디지털카메라로 사진을 촬영하고선 "그런데 찍은 사진은 어떻게 보는 거지?" 하는, 농담 같은 대화가 실제로도 종종 이루어진다. 왜 고객이 기업과 개발자에게 양보하고 타협해야 하는가? 이를 불합리하다고 생각하는 사람이 결코 적지 않을 것이다.

　이처럼 상대방의 입장에서 생각하는 것은 결코 쉬운 일이 아니다. 그러나 앞서 살펴보았듯이 인간관계만이 아니라 제품 개발이나 기업을 경영하는 데 있어서도 공감은 큰 힘을 발휘한다.

조금씩 조금씩 노력하면
습관이 됩니다

인간관계를 맺을 때든, 상품 개발을 할 때든 제대로 공감하지 않고 상대의 욕구를 파악했다고 판단하는 것은 일종의 자만심이다. 그에 비하면 '난 상대의 기분을 읽는 데 서투르니 조심하자'라며 자신감이 부족한 사람이 오히려 '공감'을 높일 가능성이 있는 편이다.

코헛 심리학에서 가장 위험하게 여기는 것이 '상대는 분명 이렇게 생각할 것이다', '이렇게 느낄 게 틀림없다' 하는 섣부른 추측과 편견이다. 이런 생각은 상대에게 폐를 끼치고 관계에 문제를 일으키거나 때로는 상대에게 상처를 주는 경우도 있기 때문에 주의해야 한다.

앞의 글에서 언급했던 불편한 스마트폰 사례로 돌아가 보자. 만약 그 개발자가 제품을 만드는 도중 다음과 같이 생각했다면 어땠을까?

'정말 여러 가지 기능을 담은 제품이야. 어머니께 한번 써 보시라고 해서 누구나 사용하기 쉬운지 한번 알아보자.'

이런 발상을 가진 사람이야말로 공감 능력이 뛰어난 개발자일 것이다. 이후 그의 어머니가 "어려워서 나는 못 쓰겠구나. 귀에 대면 소리도 갑자기 안 들리고……"라고 사용 소감을 이야기해 주면, 그 결함을 알게 될 것이다. 그리고 어머니도 좋아할 스마트폰을 다시 만들자고 결심할 것이다.

다른 경우에도 마찬가지다. 이 같은 과정이 반복되면 '이건 상대방이 좋아하지 않을 거야', '이런 식으로 말하면 상대가 싫어할 거야' 하는 사소한 부분까지 깨닫게 된다.

대부분의 사람에게는 공감 능력이 있다. 공감 능력이 낮은 사람도 연습을 거듭하면 충분히 끌어올릴 수 있다. 연습으로 되지 않는 경우는 거의 없다. 아스퍼거증후군 등 다른 사람의 감정에 잘 공감하지 못하는 자폐 스펙트럼 장애(Autism spectrum disorder)를 겪는 사람도 자신의 상황을 인식하고 노력하면 그 능력은 조금씩이나마 높아진다.

따라서 당신의 공감 능력이 낮더라도 결코 그 능력이 부족해서가 아니다. 사물을 관찰하고 공감해서 사고하는 '습관'이 아직 키워지지 않았을 뿐이다. 노력하면 습관이 되고, 그 습관이 곧 당신의 능력이 된다는 사실을 잊지 말자.

'필요한 어리광'과 '지나친 어리광'

　건강한 인간관계를 만들기 위해 다른 사람에게 기대는 자세를 중요하게 여기는 코헛의 이론은 자칫 남에게 지나치게 어리광을 부리거나 의존하는 태도를 긍정한다는 인상을 주기 쉽다. 그도 그럴 것이 코헛은 "다른 사람에게 사랑받지 못하면 외로워진다"라고 이야기한다.

　하지만 그렇다고 해서 남에게 너무 기대거나 자신만 생각하는 사람이 있다면 아무도 그를 좋아하지 않을 것이다. 또한 충족되지 않은 자신의 욕구를 상대를 통해 채우려 하거나 제멋대로 자기 방식만 강요하는 태도는 불안정한 의존이다. 코헛은 다른 사람에게 사랑받지 못하거나 자기애가 충족되지 않은 상태, 즉 좋은 '상호 의존'이 이루어지지 않은 상태일 때 사람의 마음은 외롭고 불안정해진다고 했다.

'아무도 나를 인정해 주지 않아.'

'나를 좋아하는 사람은 하나도 없어.'

누구나 이런 기분이 들 때가 있다. 이럴 경우 우리는 나 자신의 소중함을 잊은 채 스스로의 존재를 부정하거나 비하하기도 한다.

그러나 코헛의 인간관에 따르면, 애정을 충분히 받는 사람은 마음이 쉽게 불안정해지지 않아 필요 이상으로 다른 사람에게 기대거나 애정을 얻으려는 생각은 하지 않는다.

건전하게 의지하고, 어리광을 부려야 할 때만 어리광 부리는 사람은 남을 소중히 여길 줄 안다. 남에게 다정하려면 우선 자신이 안정되어야 한다. 그러니 당신이 다른 사람을 다정하게 대할 수 있으려면 스스로를 업신여기고 있을 여유가 없다. 자신을 부정적으로 생각하기보다 누군가에게 어리광 부리고 의지하면 된다.

그렇다면 우리에게 필요한 어리광과 지나친 어리광의 경계선은 어디쯤일까?

예를 들어, 어떤 집에 어린아이 삼형제가 있다고 해 보자.

그중 한 명이 유독 어머니 곁에서 좀처럼 떨어지려고 하지 않고 응석을 부린다.

코헛은 어리광 부리는 이 아이에게 채워지지 않는 부분이 있다고 보았다. 그것은 어쩌면 남동생이 태어났을 때 '어머니를 빼앗겼다!'고 여기는 일과성(一過性) 애정 부족 때문일 수도 있고, 아니면 어머니가 자신에게만 쌀쌀맞게 대한다는 생각에 느끼는 소외감 때문일 수도 있다. 이때 코헛은 그 부족한 것을 객관적인 기준을 통해 판단하지 않는다. 어머니가 보기에 '자신이 쏟는 애정이 부족한지 아닌지'가 아니라, 아이가 주관적으로 어떻게 느끼는가로 판단하는 것이다.

대부분의 부모는 자신이 모든 자녀들을 평등하게 대한다고 여길 것이다. 하지만 어느 날 갑자기 동생이 생긴 아이의 입장에서 생각해 보면, 일시적으로 '퇴행 행동'을 보이는 것은 충분히 그럴 만한 어리광이라고 이해할 수 있다.

어리광 부리는 사람의 응석을 받아 주는 행동은 흔히 '고양이에게 생선을 맡긴 격'처럼 위험한 일이라고 한다. 하지만 코헛의 의견은 다르다. 어리광을 부리는 것은 자기애가 충족되지 않은 상태이므로, 보다 더 큰 애정을 주는 행동을 통해 그 사람은 안정된 상태로 돌아갈 수 있다고 보았다.

이와 달리, 태어난 지 얼마 안 된 아기를 부모와 다른 방에서 재우고, 울어도 내버려 두는 미국의 육아 방식은 주로 '사람은 본질적으로 강하다'고 생각하는 아들러 방식에 따른 것이다.

우리의 자신감에는
환경도 중요하다

만화를 보면 상투적인 인물 유형으로 '미남에 거만한 남성', '재능이 뛰어나지만 성격이 나쁜 여성'처럼 남들보다 좋은 점이 있음에도 불구하고 성격적으로 결함이 있는 경우가 있다.

그러나 지금까지 남녀노소 수많은 환자들을 만나면서 경험한 바로는, 미남미인 또는 고학력인 사람이 성격도 좋은 경우가 많았다. 물론 용모가 단정하거나 학력이 좋은 것과 그 사람의 성격은 직접적인 인과관계가 없다. 그렇다면 대체 어떤 사람이 흔히 말하는 성격 나쁜 사람, 마음이 꼬인 사람이 되는 걸까?

한 예로, 성격이 전혀 다른 두 아이가 형제라고 해 보자. 형은 매우 영리하고 언변도 뛰어나다. 외모도 귀여운 데다 운동회에서 달리기 경주에 나가면 늘 1등을 차지한다. 반면에 동생은 약간 둔한 편이라 눈치가 부족하고 형만큼 기량이 뛰어나지는 않다. 말하는 것도 서툴다.

이처럼 형의 적수가 되지 못하는 동생은 기특하게도 공부를 열심히 하기로 했다. 그 결과 좋은 학교에 진학했고, 반면에 형은 평범한 수준의 학교에 가게 되었다. 그러자 평소 형만 칭찬하던 주위 사람들은 언제 그랬냐는 듯 동생에게 이렇게 말했다.

"어머, 좋은 학교에 들어갔구나! 넌 어쩜 그렇게 머리가 좋으니?"

그러면 이 아이는 다음과 같이 생각할 것이다.

'난 원래 형처럼 사랑받지 못했는데, 공부를 잘하니까 사랑을 받는구나.'

그리고 이어서 이런 생각도 하게 된다.

'형은 아니지만 나는 상위권 학교에 갔어!'

이렇게 필요 이상으로 자신의 학력을 내세우게 된다.

또 다른 예로, 부잣집에서 태어났지만 남녀차별이 심한

환경에서 자란 여자아이가 어릴 적부터 "너는 여자라서 이 집 재산도 얼마 못 물려받아"라는, 차별과 무시가 섞인 말을 들으며 자랐다고 해 보자. 사춘기에 접어들면서 이 아이는 미인으로 성장했다. 그러자 과거에 아이를 여자라고 얕보던 사람들이 하나같이 추어올리기 시작했다.

"이 집 딸이 굉장한 미인이지!"

아이는 이를 다음과 같이 부정적으로 받아들일 것이다.

'난 얼굴이 예뻐서 사랑받는 것뿐이야.'

그러고는 오히려 자신의 미모를 과도하게 자랑거리로 여기게 된다.

앞의 두 경우에서 보듯, 이렇게 해서 성격이 삐딱한 수재와 성격이 삐딱한 미인이 탄생하게 된다. 다소 극단적인 사례이지만 이해하기는 쉬울 것이다.

코헛의 이론으로 말하자면, 사람은 애정을 받은 만큼 성격도 좋아진다. 그래서 자기애가 충족되기 쉬운 미인이나 수재는 좋은 성격을 가진 사람으로 성장하는 경우도 많은 것이다. 단, 이때 부모가 '나는 아이에게 사랑을 쏟는다'고 생각하는 데 머물러서는 안 된다. 가장 중요한 것은 아이 스스로가 자신이 애정을 받고 있음을 인지하는 것이다.

주위 사람들이 사랑으로 대해 주지 않으면, 당연히 아이는 자신이 사랑받는 존재라고 깨닫지 못한다. 그리고 이렇게 자기애가 제대로 충족되지 않으면 앞에서 살펴본 두 사람처럼 '공부를 못하면 사랑받지 못한다', '얼굴이 예쁘니까 사랑받는 것이다' 하는 식으로 잘못 받아들이게 되고, 이는 왜곡된 가치관으로 이어질 수 있다.

예를 들어 자기애가 부족한 사람이 갑자기 큰돈을 벌어 주위에서 떠받들어 주면 어떻게 될까? '돈이야말로 나를 드러내는 가치다'라는 생각에 고가의 명품으로 온통 치장하거나 여기저기에 자신의 부유함을 과시하는 경향을 보인다. 이런 사람은 돈이 있을 때는 좋아도 돈이 없을 때는 비참하다. 왜냐하면 사람이 다가오지 않기 때문이다.

그러나 돈이 있든 없든, 어릴 적부터 사랑을 받으며 자란 사람은 있는 그대로의 자신으로도 사랑받는다는 사실을 안다. 그래서 늘 마음에 여유가 있고 상대방을 대할 때도 자연스러우며, 기꺼이 따뜻한 애정을 주므로 주변에 많은 사람들이 모여든다. 이것이 흔히 말하는 '좋은 가정환경'이 미치는 영향이다. 경제 상황이나 가족 구성에 관계없이, 있는 그대로의 나를 인정받을 수 있는 환경이 중요하다.

있는 그대로의
나를 사랑하기

"설령 남들에게 미움을 받더라도 자기주장이 분명한 사람이 낫다."

주변에서 흔히 들을 수 있는 말이다. 이는 아들러적인 가치관을 바탕으로 하는 것으로, 특히 미국에서는 이런 유형의 사람을 높게 평가하는 경향이 있다. 실제로 자기 의견을 남들에게 확실하게 주장할 수 있는 사람은 당당해 보이고 매력적이다.

반면에 인간관계에서 표현이 서툴러서 자기주장을 잘 못하는 사람들도 많다. 그럼에도 그중 어떤 이들은 주변에서 "저 사람, 참 괜찮은 친구야"라는 평을 듣곤 한다.

이처럼 매력 있는 인물의 유형은 매우 다양하다. 그러므로 우리가 저마다의 장점을 키워 가는 것은 나쁘지 않은 방법이다. 게다가 장점을 갈고닦으면 '칭찬'받는 경험도 할 수 있지 않던가.

아이들의 교육과 관련해 말하자면, 주위에서 아이가 가진 장점을 발견해 주고 그것을 더욱 발전시키는 방향으로 이끌어 주는 것이 중요하다. 입시 지도를 생각해 보자. 성적이 낮은 과목에 집중하는 것도 좋지만, 그보다는 아이가 원래 잘하는 과목을 더더욱 잘하게 하면 성적이 낮은 과목 점수를 보완하게 되어 결국 합격점을 받을 수 있다.

단, 유의할 점이 있다. 여기서 아이의 장점을 발견하라는 말이 무턱대고 장점만 강조하고 칭찬하면서 그 외의 것들은 칭찬 혹은 인정해 주지 않아도 된다는 뜻은 아니다. 자칫하면 앞의 글의 예에서처럼 아이는 '나는 성적이 좋다는 장점 때문에 사랑을 받는다'라는, 왜곡된 자기 분석을 할 수 있기 때문이다.

그러므로 칭찬하기 전에, 어릴 때부터 이미 충분한 사랑을 갖고 대함으로써 아이가 있는 그대로의 자신도 사랑받는다는 '건강한 자신감'을 갖게 해 주어야 한다. 건강한 자신감을 키운 아이는 운동회나 대회 등에서 1등을 못 하거나 시험에서 만점을 받지 못해도, 또 제대로 자기주장을 펼치지 못했어도 있는 그대로의 자신을 사랑할 줄 안다.

모든 사람이 무언가에 뛰어난 재능을 갖고 있거나 어떤 분야에서 최고가 될 수 있는 건 아니다. 따라서 '1등'이나 '부자'라는 지표 이외의 것에서 스스로의 행복과 만족을 찾는 길이 현실에서는 매우 절실하다.

소통에 서툴러서 자기 생각을 잘 표현하지 못하거나, 장사 수완이 좋지 않아 부유함과는 거리가 먼데도 다른 사람에게 '저 사람은 신뢰할 수 있다'는 긍정적인 인상을 주는 이들은 많다. 건강한 자신감이 있기 때문이다. 이는 인생에서 1등 또는 부자가 되는 것과 마찬가지로, 아니 때로는 그 이상으로 중요한 요소다.

모두가 무언가에 뛰어나야 사랑받을 수 있는 것은 아니다. 그대로의 나 자신도 충분히 사랑받을 수 있다는 것을 인정하고 스스로를 아껴 주어야 한다.

코헛이 내게 알려 주는 것

이번 장을 통해 코헛이 왜 '상호 의존'이라는 형태를 이상적인 인간관계로 생각했는지 이해했을 것이다. 그가 지향한 상호 의존은 단순히 상대에게 기대고 안기는 것이 아니라 '누군가에게 의지'하는 동시에 '상대에게 의지가 되는 나'라는, 기브 앤드 테이크 관계다. 그리고 생각보다 간단치 않은 이 관계를 형성하는 것은 코헛이 말하는 '성숙한 인간'만이 가능하다.

- 사람을 기쁘게 하는 행동은 기본적으로 좋은 것으로, 애정을 갖고 상대할 수 있는 사람은 마음이 안정되고 성격이 원만해진다.
- '무조건적인 사랑'이라 불리는 어머니와 자녀의 관계도 사실은 기브 앤드 테이크로 성립한다.
- 이상적인 상호 의존을 위한 키워드는 '공감'이다.
- 칭찬할 때는 상대가 '칭찬받고 싶어 하는 부분'을 칭찬하자.
- '동정'보다 '함께 기뻐하는 것'이 더 어려운 일이다.
- 공감은 회사 경영과 상품 개발에도 중요한 능력이다.

자연스럽게 남을 기쁘게 하고 '공감' 능력이 높아 보이는 사람들 중 모두가 타고난 공감 능력이 높은 것은 아니다. 오히려 대부분의 사람들은 살아가면서 다른 사람을 잘 관찰하고, 매사를 상대의 입장에서 생각하는 훈련을 무의식적으로라도 하고 있다.

'나는 원래 공감하는 데에 서툴러' 하며 선을 그어 버리면 건강하고 다양한 인간관계를 이어 나갈 기회를 스스로 놓치는 셈이다. 방법은 어렵지 않다. 마음만 먹으면 누구나 할 수 있는 일이다. 코헛이 말한 건강한 인간관계를 쌓기 위해 한번 노력해 보자.

3장

무엇보다 중요한 건
나 자신의 기분

-나 그리고 너를 소중히 하는, 코헛식 인간관계

대부분의 사람들은 내 편도 아니고 내 적도 아니다.

또한 내가 무슨 일을 해도

나를 좋아하지 않는 사람들은 있기 마련이다.

모두가 자신을 좋아하기를 바라는 것은 지나친 기대다.

-리즈 카펜터

열 사람이 있다면
열 가지 행복이 있다

코헛은 한 사람 한 사람이 자기 마음으로 느끼는 주관적인 세계, 정신분석에서 말하는 '자기(自己)'를 중요시했다. 열 명의 사람이 있으면 그에 따라 열 가지의 사고방식과 느끼는 방식이 있다는 것을 전제로 두었다.

그런데 당연하게 생각하는 이 이론을 실생활에서 우리는 그냥 지나치는 경우가 많다. 자칫 자신의 생각이나 느낌만 옳다고 생각하거나, 다른 누군가의 가치관과 비교해서 스스로를 동정하곤 하는 것이다.

예를 들어, 퇴근 후 집 근처 가게에서 한 그릇에 8천 원짜리 라면을 먹는 사람과 시내 중심가의 고급 레스토랑에서 수십만 원 하는 프랑스 요리를 먹는 사람이 있다고 해 보자. 두 사람 가운데 누가 더 행복할까? 이 질문에 우리는 저마다 다른 대답을 할 것이며, 그 모든 대답에는 일리가 있다.

마찬가지로, 역사상 절세미인이라고 알려진 중국 당나라의 양귀비도 시대나 보는 사람에 따라서는 전혀 미인이 아닐 수도 있다.

세계적 권위를 자랑하는 노벨상도 수상자 선정에는 노벨위원회의 주관적 판단이 큰 영향으로 작용한다. 시대가 바뀌면 로보토미(lobotomy)전두엽 절제술. 1940~1950년대 자행되었던 뇌 외과 시술로 당시 이 수술을 받은 많은 환자들이 심각한 인격 변이에 시달리거나 목숨을 잃어 이후 완전히 금지되었다 수술이 그랬듯 '말도 안 되는 기술'에 상을 주었음이 드러나는 경우가 발생하곤 한다.

이처럼 누군가가 아무리 훌륭하다고 칭찬하는 일이나 사람이 있어도, 멀리서 바라보면 그것은 그의 주관에 불과하다. **당신이 어느 음식점에서 '역시 이 집이 최고야'라고 생각할 때, 당신 옆자리에 앉은 사람은 '역시 여기보다는 지난번 갔던 그 집이 최고야'라고 생각하는 식이다.**

천만 명이 보고 감동한 영화라고 해서, 당신도 그 영화를 좋다고 느낄지는 알 수 없는 일이다.

반대의 경우도 마찬가지다. 결국 나의 주관이 맞는다면 상대방의 주관도 일리가 있음을 우리는 기억해야 한다. 이 '당연함'을 받아들일 필요가 있다.

남과 비교하는 기분이 들면
뚜껑을 덮어 버리자

만약 '나는 나이고, 다른 사람은 다른 사람이다', '모든 사람은 각자 느끼는 방식이 다르다'라는 사실을 이해하지 못하면 어떤 일이 일어날까?

우리가 남몰래 품는 많은 고민이 바로 여기서 생겨난다. 대표적으로 '질투'가 그렇다.

질투란 다른 사람이 잘되는 것 혹은 좋은 처지에 있는 것이 부러워서 참을 수 없는 기분 때문에 생기는 괴로움이라 할 수 있다.

'저 사람은 돈 걱정 없는 부자에다 저렇게 호화로운 집에 사는데…….'

하지만 이런 기분은 많은 경우 일방적인 망상이다. 당신이 부러워하는 그 사람도 당신을 보면 오히려 이렇게 생각할지도 모른다.

'난 돈은 많지만 가족은 다 떠나 버렸고 마음을 열 친구도 없어. 가족과 함께 있다니 정말 부러워.'

키가 커서 모델 같다고 주위의 부러움을 사는 여성이 사실은 키 때문에 남자 친구가 생기기 않는다고 고민하거나, 공부를 잘해서 모두의 부러움을 사는 아이가 속으로는 늘 친구에 둘러싸여 있는 열등생을 부러워하곤 한다.

우리는 경제적으로 빈곤한 나라에 사는 사람들을 불쌍하게 바라보지만, 사실 그들은 경쟁 사회와는 거리가 먼 사회에서 서로 돕고 행복하게 살아간다. 이런 예는 무수히 많다.

코헛은 '객관성에는 아무런 의미가 없다', '내가 행복하다고 느끼면 그것으로 충분하다'고 생각했다. 그러나 실제로는 무심코 많은 사람들이 자신을 굳이 객관화한다. 다른 사람과 무턱대고 비교하면서 연 수입이 얼마다, 외모나 몸매가 어떻다 하는 잣대를 스스로에게 들이대는 것이다. 그런데 이렇게 '나는 불행하다'고 정의하는 것이 과연 무슨 의미가 있을까?

그보다는 '나는 잘생기진 않았지만 좋은 아내가 있다' 혹은 '우리 집 식단은 항상 소박하지만 가족과 함께 식사할 수 있어서 행복하다' 하는 식으로 생각하는 사람이 더 행복할 것이다.

세상 사람들은 객관적으로 보라고 하면서 객관에 무게와 가치를 두고 이를 중요시한다. 그러나 그 '객관성'이란 가짜다. 어떤 것이 '훌륭한가 또는 훌륭하지 않은가', 무언가가 '맛이 있는가 또는 없는가', 그리고 '행복한가 또는 불행한가' 하는, 사물의 가치를 재는 '절대적인 객관성'은 애초에 존재하지 않는다.

중요한 것은 지금을 사는 '나'와 '당신', 그리고 당신의 '이웃'의 경험에서 느끼는 각자의 기분, 즉 '자기'뿐이다.

남과 비교해서 나는 어떠하다, 객관적으로 나는 어떠하다 하는 생각과 기분은 생겨나는 순간 바로 그 뚜껑을 덮어 버리자. 그저 자신이 느끼는 감정과 그 순간에 솔직하면 된다. 당신이 좋다고 생각한 것은 좋은 것이다. 당신이 행복을 느낀다면 당신은 행복하다.

물론 때로는 당신의 감정을 비웃거나 제멋대로 판단해서 말하는 사람이 있다. 그런 말에도 뚜껑을 덮어 버리자. 한 귀로 듣고 흘려 버리면 된다.

당신 자신이 느끼는 것을 인정하면서, 마찬가지로 다른 사람에게도 각자 느끼는 방법이 존재한다는 사실을 인정해야 한다.

직장에서도 유용한
공감 능력

코헛의 이론은 우리가 직장에서의 인간관계를 풀어 가는 데에도 도움이 된다.

오늘 직장에서 상사에게 뭐라 항의하고 싶을 만큼 심하게 질책을 당했다고 하자. 하필 주위에는 다른 직원들이 이를 전부 지켜보고 있었고, 너무나 호되게 당한 탓에 당신은 억울하기만 하다.

물론 당신이 업무 도중 실수를 했을 수도 있다. 하지만 아무리 그렇다 해도 상사는 대체 왜 그 정도까지 화를 내서 당신의 기분을 상하게 만든 것일까?

많은 사람들이 적어도 '자신보다 지위가 높은' 상대에 대해서는 이리저리 충분히 생각한 뒤 행동한다.

'그의 기분을 나쁘게 해선 안 돼.'

'이런 식으로 전달해야 좋게 받아들이지 않을까?'

그러나 '자신이 상대보다 지위가 높은' 경우, 순간적으로 상대의 입장을 고려하지 않는 사람이 많다. '나는 상사니까 화내는 것이 당연해' 하는 식으로 생각하는 것이다.

마찬가지로, 앞의 예에서 당신의 상사에게 상대를 배려하는 '상상력'이 없는 것은 아니다. 당신의 지위가 자신보다 높았다면 상사는 분명 미리 생각하고 행동에 옮겼을 것이기 때문이다. 따라서 이 경우 상사에게 결여된 것은 상대의 입장을 배려해서 상상하는 '태도'라 할 수 있다.

상대가 어떤 사람이든, 그 사람의 입장에서 제대로 사물을 생각하고 상상할 수 있는 것. 이것이 코헛이 말하는 '공감'의 힘이다. 똑같이 부하 직원을 질책하더라도 '이런 말을 들으면 이 직원이 어떻게 느낄까'를 상상할 수 있는, 공감 능력 있는 상사는 모두에게 호감을 얻는다. 반대로 '내가 아랫사람을 혼내는 것은 당연한 일'이라는 듯 제멋대로 화를 퍼붓는 상사는 부하 직원의 신뢰와 존경을 받지 못한다.

주위를 둘러보면, 회사에서 실적이 높지 않은데 부하 직원들에게 유독 호감을 사는 상사가 있다. 그런 사람은 자신보다 지위가 낮은 사람이라도 늘 존중하는 태도로 대한다. 앞의 상사처럼 다른 직원들 앞에서 화를 내거나 면박을 주지 않는다. 또 과거 자신이 업무에 서툴렀던 시절의 이야기와 실패담을 숨김없이 들려주고, 부하 직원에게 주의를 줄때도 부드러운 말투로 설명함으로써 개인에 대한 공격으로 들리지 않도록 신경을 쓴다.

이처럼 공감 능력이 높은 사람들은 회사에서 자기 개인의 성과는 화려하지 않더라도 팀을 하나로 이끌어 좋은 성과를 낼 가능성이 크다.

누군가와
가까워지고 싶다면

코헛은 우리가 자신의 기분을 소중히 하는 것처럼 상대의 입장에서 상대의 기분을 상상하는 것을 중요하게 여겼다. 우리는 상대의 입장을 상상해 보는 배려를 통해 인간관계에서의 행동법을 터득할 수 있게 된다.

예를 들어 누군가를 보며 '그의 호감을 사고 싶다', '가까워지고 싶다' 혹은 '그의 신뢰를 받고 싶다'는 생각이 든다면 어떻게 하면 될까? 바로 당신이 그 사람의 '이상화 자기대상'이 되면 된다.

간단히 말하자면, 이상화 자기대상이란 자신이 불안할 때 '저 사람이 있으면 괜찮다'고 안심시켜 주는 사람을 가리킨다. 이쯤에서 떠오르는 질문 하나가 있을 것이다. 그렇다. 우리가 그런 이상화 자기대상을 원할 때가 과연 언제일까?

그 답은 아마도 '불안할 때' 혹은 '의지할 수 있는 누군가가 필요할 때'일 것이다. 다시 말해, **상대가 불안해하거나 의지가 되는 사람을 필요로 할 때야말로 당신이 그와 가까워지고 그의 호감과 신뢰를 얻을 수 있는 절호의 기회다.**

만일 반대로 누군가가 당신의 이상화 자기대상이 되고 싶어한다고 해 보자. 평소 당신은 그 사람을 전혀 그렇게 여기지 않는다. 하지만 당신이 어려움에 처해 있을 때 도와준다면 어떨까? 당신은 그의 좋은 점을 발견할 수도 있고, 더 친밀하게 느낄 수도 있다.

보다 구체적으로 가정해 보자. 당신은 지금 난처한 상황에 빠져 있다. 난생처음 겪는 일이라 누구에게 무엇부터 상의해야 할지도 알 수가 없다. 초조한 마음만 커질 뿐 해결책은커녕 문제의 실마리도 찾지 못하고 시간만 흘러간다.

이때 알고 지내던 그가 다가와 이렇게 말한다.

"음, 문제가 좀 있네. 제가 어떻게든 해결해 볼게요."

평소 그를 전혀 특별하게 여기지 않았다 해도 이 같은 상황에서 그가 적극적으로 도움을 준다면 어느새 마음이 든든해질 것이다. 단숨에 반하지는 않더라도 최소한 신뢰와 호감 면에서는 그 사람에 대한 점수가 올라가게 마련이다.

비슷한 경우로, 감기에 걸려 누워 있는데 그 전까지는 생각지도 않았던 이성이 걱정해 주면서 자신을 챙겨 주면 그 사람을 예전보다 더 좋게 생각한다. 실제로 병원에서는 입원한 남성이 자신을 보살펴 준 간호사와 사귀거나 결혼을 하기도 하고, 의사와 환자가 결혼하는 일도 의외로 많이 있다.

우리 모두는 신뢰를 얻고 싶은 상대가 있으면 저절로 그 사람을 주의 깊게 보게 된다. 그가 남몰래 어려움을 겪거나 괴로워하고 있는가? 그렇다면 과감히 손을 내밀어 보자.

지속적으로, 꾸준히, 성실하게
들여다보기

1장에서 자신감이 없는 당신을 치료해 주는 것은 칭찬해 주는 사람, 편안하게 기댈 수 있는 사람이라고 언급한 바 있다. 이번에는 입장을 바꿔서 '자신감 없는 주변 사람'에 대해서 생각해 보자.

'이 사람은 모든 일을 삐딱하게 봐. 같이 있으면 나까지 지치는 기분이야.'

'애써 칭찬을 해 줘도 받아들이질 않으니까……. 더 이상은 못 하겠어.'

'매번 응석만 부려서 받아 주기가 너무 힘들어.'

이런 생각이 들게 하는 누군가가 있을 것이다. 하지만 이렇게 마음속에서 상대를 밀어내면 그는 더욱 비뚤어지거나, 평생 자신을 자책하고 부정적으로 세상을 바라보며 인생을 살아갈 것이다.

코헛의 자기 심리학 이론은 자기 자신에게도 유용할 뿐 아니라, 나아가 다른 사람을 위해서도 활용할 수 있다는 점에서 상당한 매력이 있다. 만일 당신이 곁에서 늘 한숨을 내쉬는 사람, 만날 때마다 불평을 늘어놓는 그 사람이 조금이라도 기운을 내길 바란다면 다음의 이야기를 참고해 보자.

언젠가 노인 요양 병원에 근무하는 한 간호사가 내게 이런 말을 했다.

"저희 병원에 간호사 호출 벨을 시도 때도 없이 눌러 대는 할머니가 계세요. 온몸이 아프다고 해서 의사 선생님이 진찰을 하는데, 매번 아무 이상이 없거든요."

"매번요?"

"네. 의사 선생님도 저희도 도무지 어떻게 해야 할지······. 그런데 그런 어르신들이 여럿 계세요."

그렇지 않아도 바쁜데 별것 아닌 일로 계속 불러 댄다니, 간호사의 고충을 알 것 같았다. 어느덧 병원에서 그 할머니는 '문제 환자'로 불리게 되었다.

이 경우, 어떻게 대응하는 것이 좋을까?

만일 간호사가 그 할머니의 호출 벨을 별일 아닐 것이라고 무시하고 상대하지 않으면 할머니는 지금처럼 하루에도 몇 번씩 벨을 누를 것이다. 할머니가 호출 벨을 누르는 행동의 바탕에는 '불안'이 깔려 있다.

불안은 그 자체가 사라질 때까지 사람을 따라다닌다. 몸을 자유롭게 움직일 수 없거나 병을 앓고 있는 고령의 노인이 익숙하지 않은 환경에 놓이면 아마도 매우 불안할 것이다. 그러한 불안감이 사라지지 않는 한 할머니는 호출 벨을 계속 울리지 않을까?

따라서 이런 경우에 '무시하지 않으며 철저히 대응하는 것'이 코헛이 제시하는 대처법이다. 이는 또한 실제 의료 현장에서도 적절하게 여겨지는 대응법이다.

여기서 '철저히'란, 할머니가 불안감과 불신감이 사라지고 '벨을 누르면 와 주는 사람이 있다', '믿을 수 있는 사람이 있다'고 안심할 때까지 일주일이든 한 달이든 계속 상대해 주는 것을 의미한다.

실제로 호출 벨을 누를 때마다 빈틈없이 대응해 주면, 걸리는 시간은 사람마다 다르지만 벨을 누르는 횟수는 분명 줄어든다. 그리고 결국에는 벨을 누르지 않는다. 불안이 사라지기 때문이다.

이런 대응은 환자뿐 아니라 병원 측에도 이점이 있다. 호출 벨에 철저히 대응하면 적어도 한 달쯤 지났을 때 그런 행동은 점차 사라지므로, 이후에 같은 행동을 보이는 다른 환자에게 제대로 대응할 수 있다.

이렇게 되면 병원에서 문제 환자로 여겨지는 이들의 수는, 예를 들어 200상(床) 규모의 병원이라면 많아도 세 명에서 다섯 명 정도로 줄어든다. 반면에 '별일 아닌데 왜 또⋯⋯' 하는 생각으로 호출 벨에 잘 대응하지 않으면 문제성 환자의 수가 더 늘어난다. 그러다 보면 결국 정상적인 병원 운영이 어려워지기에 이를 것이다.

코헛 방식을 기본으로 하는 치료법에서도 본격적으로 정신분석을 하는 데만 3~5년이 걸린다. 1년 정도로 간단하게 치료되지 않는다. '낙숫물이 바위를 뚫는' 정도까지는 아니더라도 끈질긴 인내심이 필요하다.

지속적으로, 꾸준히, 성실하게 사랑하면 반드시 달라지는 사람이 있다. 그리고 달라질 수 있다는 것을 나는 믿는다. 이는 정신과 의사라면 특히 명심해야 할 말이다. 물론 전문

의에만 해당하는 것은 아니다. 누군가를 변화시키고 싶다면 이 이야기를 알아 두자. 당신의 꾸준함이 외로워하는 누군가의 삶을 바꿀 수도 있다.

모든 것은
애정이 부족한 탓

코헛은 환자에 대해서도 '환자 자신이 느끼는 바를 중요하게 여겨야 한다'며 각자의 '자기(自己)'를 존중했다. 이는 상대에 대해 단정하지 말고 공감을 갖고 바라보자는 의미인 동시에, 각자의 주관적 감각을 중요하게 생각하자는 메시지이기도 하다.

코헛 이전의 전문가들, 즉 정신분석가든, 인지 요법가든 마음의 병을 치료하는 사람들은 '환자는 비뚤어진 사고방식을 갖고 있기 때문에 그 왜곡을 바르게 고쳐 주어야 한다'고 보았다.

이를테면 프로이트는 무의식을 이해해 왜곡된 시점을 바

로잡아야 한다고 했고, 인지 요법가는 환자의 왜곡된 인지를 바로잡아야 한다고 생각했다. 아들러는 자신의 행동 요인을 전부 과거의 탓으로 돌리는 것은 잘못된 견해이므로, 그것을 바로잡으면 성공할 수 있다고 여겼다.

하지만 코헛의 생각은 이와 다르다. 그는 옹졸하게 생각하는 사람도, 지나치게 어리광을 부리거나 남에게 의존하는 사람도 모두 '애정이 부족하기 때문'이라고 보았다. 절대로 그 사람 본인에게 왜곡된 부분이 있어서 바로잡아야 한다고는 말하지 않았다.

심지어 코헛은 치료 중에 환자가 화를 내더라도 그것은 치료자인 자신이 상대방에게 공감하지 못하는 말을 건넸기 때문이라고 여겼다. 그래서 누가 봐도 정말로 옹졸한 사람이나 의심이 너무 많다고 판단되는 사람에 대해서도, 그 사람은 지금까지 처한 환경이 좋지 않았거나 운이 좋지 않았을 따름이며 '뭔가가 부족한' 상태에 놓여 있을 뿐이라는 것이 코헛의 사고방식이다.

코헛에 따르면 그런 사람은 치료자 혹은 친구와 관계를 맺으면서 '이 사람만큼은 신뢰할 수 있다', '이 사람에게는 무엇이든 말할 수 있다'는 경험을 쌓아 간다. 그리고 차츰 다른 사람도 신뢰할 수 있게 된다. 그러는 사이에 '부족한' 무언가가 채워지면서, 결국은 그의 옹졸함도 깊은 의심도 해소된다.

그래도 여전히 싫은 사람
상대하는 법

다른 사람에게 인정을 받은 사람은 긍정적인 방향으로 변화한다. 하지만 자신이 무리하거나 힘들어하면서까지 상대를 칭찬하고 다독여 줄 필요는 없다. 그래서는 우선순위가 바뀌고 만다. 인간관계는 서로가 공정하게 상호 의존적이어야 의미가 있다.

물론 당신이 그 사람과의 관계를 보다 적극적으로 변화시키고 싶다면 가능한 범위에서 그를 인정해 주는 태도는 필요하다. 그러나 현실적으로 볼 때 대부분의 사람들에게는 '대하기 거북한 상대' 또는 '싫은 상대'가 존재한다. 할 수만 있다면 그 사람과는 얽히고 싶지 않은데도 직장 동료라서 매일 보게 되거나, 그 밖에 어쩔 수 없는 상황 때문에 대화를 나누고 같이 무언가를 해야 하는 경우가 생기는 것이다.

이런 때 당신은 어떤 태도를 보이는가? 어떻게든 가까워지고 싶지 않은 마음에 차가운 모습으로 대하거나, 엮이고 싶지 않다는 태도를 노골적으로 취할지도 모른다. 하지만 이 방법으로는 그 사람에 대한 감정이 조금도 달라지지 않는다. 계속 싫은 상태 그대로다.

이때 중요한 것은 '**불쾌하다**', '**싫다**'라는 감정은 상대를 **향하면서 동시에 자신에게도 스트레스를 준다는 사실이다.** 이를 잊어서는 안 된다.

그렇다면 싫은 사람을 대할 때 과연 어떻게 하는 것이 바람직할까?

한 예로, 어느 학급에 폭언을 일삼고 툭하면 폭력을 휘두르는 아이가 있다고 가정해 보자. 약한 친구를 괴롭히고 모두를 불쾌하게 만드는 이 아이를 따뜻한 눈길로 바라볼 사람은 없을 것이다.

그런데 사실 그 아이의 가정은 무너진 지 오래인 데다 평소 아이는 가족들에게 완전히 무시를 당해 왔다. 그 아이 역시 불우한 가정환경의 피해자인 셈이다. 이런 사정을 들으면 아마 많은 사람들이 이 아이를 조금은 '가엾게' 여기기 시작할지도 모른다.

이런 예를 든 이유가 짐작되는가. 당신이 정말로 싫은 누군가가 있다면, 그를 싫어하는 데 소중한 힘과 시간을 쓰기보다 그에게 무언가 결핍된 부분이 있다고 안타깝게 여기는 방법이 더 도움이 될지 모른다.

싫은 상대에게 화가 났을 때는 다음과 같이 생각해 보자.

'이 사람은 뭔가가 충족되지 않은 부분이 있는 가엾은 사람이구나.'

그러면 당신의 부정적인 감정이 조금 가라앉는 효과를 볼 것이다.

다른 사람에게 유독 공격적인 사람, 불쾌감을 주거나 가시 돋친 말을 하는 사람, 쉽게 화를 내는 사람은 보면 알 수 있다. 이들 모두 '어딘가 결핍된 사람'이라는 사실 말이다.

그들에게 불쾌한 일을 당했을 때 화를 내기보다 다음과 같이 생각해 보자.

'저 사람은 집에서 아내에게 엄청나게 잔소리를 듣겠지.'

'부모님의 애정을 제대로 못 받았구나.'

멋대로라도 추측해 동정하는 편이 당신의 마음 건강을 위해서는 훨씬 낫다.

결국 코헛의 비극적 인간론(論)이란, '싫은 사람을 만났을 때는 그를 가엾게 여기면 된다'로 요약할 수 있다.

똑같이 공격해 봤자 얻는 것은 없다. 우선 그를 '가엾은 사람'이라고 생각하자. 그런 다음 상대와의 관계를 어떻게 하고 싶은가는 당신의 마음에 달렸다.

모두가 관심을
받고 싶어 한다

최근 일본 사회에 등장한 '폭주 노인'이란 용어가 있다. 이는 고령화 사회에서 쉽게 화를 내거나 폭력적인 행동을 보이는 등 분노를 물리적으로 표출하게 된 노인들을 뜻한다.

코헛에 따르면 이러한 폭주 노인들도 '자기애'가 충족되지 않은 데 그 원인이 있다. 즉, **자기애가 충족되면 이들의 폭주가 멈출 가능성은 크다. 그리고 이를 위해서는 주변에서 그들의 말을 진지하게 들어 줄 필요가 있다.**

당신의 주위에도 이처럼 쉽게 분노를 표출하는 사람이 있는가? 그를 도와주고 싶다거나 혹은 조치를 취하지 않으면 안 되겠다고 판단한 상황이라면, 우선은 상대의 이야기에 귀를 기울여 주자. '그렇게 화를 내선 안 된다', '밥 먹듯 자주 화를 내면 다른 사람들이 싫어한다' 같은 말로 조언하고 싶겠지만 꾹 참고 오로지 듣기만 한다.

앞의 글에서 언급한, 시도 때도 없이 호출 벨을 울리는 할머니의 경우처럼 상대의 이야기를 들어 주는 것만으로도 그 사람의 심리는 달라진다.

미움받는 사람의 또 다른 유형으로, 쉬지 않고 자기 자랑만 늘어놓는 사람이 있다. 누구나 때로는 오래전 무용담이나 과거에 인기 있었던 시절을 이야기하고 싶어 한다. 이는 당연한 심리다. 그러나 가끔이 아닌, 입만 열면 늘 자기 자랑인 사람이 정말로 사람들 사이에 인기 있기는 쉽지 않다.

자화자찬이 지나친 사람들을 대할 때는 특히 주의할 필요가 있다. 그의 이야기를 들어 주면서 대단하다거나 훌륭하다고 치켜세워 주는 것이 언제나 적절한 해결법이라고 보기는 어렵기 때문이다.

이들이 내세울 만한 것은 주로 현재가 아닌 과거의 일이다. '내가 그때 그런 엄청난 일을 했다', '그 상을 몇 년 연속 수상한 건 회사를 통틀어 나 하나뿐이었다' 하는 식의 옛이야기가 대부분이다. 그런데 그처럼 과거에 얽매여 있는 사

람의 자랑을 순순히 받아들여 칭찬해 주면 이후에도 그 이
야기를 반복한다. 과거에 계속 매달리는 셈이다.

따라서 자기 자랑을 하고 싶어 하는 사람에게는 다음과
같은 방식으로 칭찬해 주는 것이 바람직하다.

"얼마 전에 추천해 주신 책 정말 재미있었어요."

**"퇴근 후 데려가 주신 그 음식점, 맛있어서 이번에 또 갔
답니다."**

즉, 현재 진행형인 내용으로 칭찬해 주는 것이다.

과거의 영광에 얽매이는 까닭은 주위로부터 인정받고 있
거나 사랑받고 있다고 느끼지 못해서다. 심지어 현재의 자
신은 업신여김을 당하고 있다고 느끼는 사람도 적지 않다.
그렇기 때문에 '지금 현재'의 그 사람을 인정해 주는 태도가
중요하다.

그렇다면 '현재진행형으로 자랑하는 사람'은 어떻게 대해
야 할까? 사실 이런 사람은 상대방에게 아무렇지 않게 자기
과시를 하긴 하지만 스스로도 자신이 크게 부족하다는 사실
을 느끼고 있다.

그러니 가엾게 여겨 그 말을 들어 주거나, 도저히 상대 못
하겠다는 생각이 들면 이야기를 들어 주는 것을 그만두는

등 당신 나름대로 판단해 행동하면 된다. 하지만 그 사람의 자화자찬을 가능한 좋은 방식으로 멈추고 싶다면 인내심을 갖고 열심히 이야기를 들어 주자. 그의 자랑은 자연스럽게 줄어들 것이다.

상대의 공허함을
채워 주는 말들

'사람들은 나를 인정하고 사랑하는 것이 아니라 내가 갖고 있는 돈을 인정하고 사랑한다.'

'사람들은 있는 그대로의 내가 아니라 사장이라는 나의 지위를 사랑한다.'

만약 이렇게 느낀다면 안타깝게도 코헛이 말한 '비극적 인간'에 해당한다. 이런 사람들은 마음속 어딘가에서 다음과 같은 생각을 하곤 한다.

'돈이 없으면 사랑받지 못해. 그러니 고급 차를 타고 고급 시계를 차서 모두의 주목을 받겠어.'

'지금 내 외모로는 사랑받을 수 없어. 성형을 해서 더 아

름다워져야 해.'

그러나 흔히 말하는 진정한 셀러브리티(유명인사)들은 자신이 모두에게 인정받고 있다는 사실을 안다. 따라서 옷을 입더라도 브랜드에 연연하지 않고 자신만의 스타일을 추구하게 된다. 있는 그대로의 내가 사랑받은 경험이 그들의 결핍을 채웠기 때문이다. 하지만 많은 사람들은 그렇지 않다. 있는 그대로의 자기 모습만으로는 사랑받지 못한다고 느껴, 돈과 그 외의 요소들로 존재를 드러내려고 한다.

따라서 상대를 칭찬한다면 외적인 요소가 아니라 "가족을 정말 사랑하시는군요", "기억력이 참 좋네요" 등 가급적 눈에 보이지 않는 점을 발견해서 말해 주자. 당신의 이 말에 상대는 자기애를 충족시킬 수 있다.

사소하지만
따뜻한 칭찬의 힘

앞에서 몇 가지 유형별로 보다 나은 인간관계를 위한 방법을 소개했다. 이는 원래 코헛이 '환자가 어떤 경험을 하면 건강해질까'를 고민하는 치료자의 관점에서 만든 것들이다. 즉 치료자와 환자 관계에서 생겨난 방법들인 것이다.

바꿔 말하면 코헛의 이론은 상사 또는 선생님처럼 '상대보다 우위에 있는 인물'이 조직 관리를 어떻게 잘할 수 있을지 고민하는 경우에도 큰 효과가 있다.

후배나 아랫사람의 작은 변화를 알아채고 그것을 칭찬할 수 있는 선배나 리더는 항상 존경을 받는다. 일반적으로 후배로부터 "선배님, 대단해요!"라는 말을 듣는 것도 좋지만,

존경하는 선배에게서 "대단한 친구야!"라고 칭찬받으면 그 기쁨은 더욱 크기 때문이다.

이와 관련해 일본의 전 총리였던 다나카 가쿠에이의 에피소드가 있다. 한 젊은 현회의원(縣會議員)이 멀리서 와 다나카 가쿠에이가 주도하는 모임에 참석했는데, 그 전까지 그를 단 두 번 만났을 뿐인 데다 대화를 나눈 적은 한 번도 없던 가쿠에이가 그에게 말을 걸어 왔다.

"자네가 가장 멀리서 왔군."

젊은 의원은 생각지도 못한 상황에 깜짝 놀라면서도 몹시 기뻤다.

'일개 참석자인 나를 알고 있었다니!'

그래서 그는 앞으로 더더욱 가쿠에이를 따르겠다고 굳게 마음먹었다.

기억력이 뛰어난 것으로 유명한 다나카 가쿠에이의 이러한 에피소드는 열거할 수 없을 정도로 많다. 자신이 아는 관료들의 생일부터 결혼기념일까지 일일이 기억했다고 하니 말이다.

비슷한 예로 어떤 대기업의 경영자는 자신의 원칙을 이같이 밝혔다.

"뭐든 좋으니 적어도 일주일에 한 번, 많으면 사흘에 한 번은 부하 직원을 칭찬해요. 일을 못하는 직원에게도 매일 회사에 출근하는 것만으로도 장하다고 칭찬해 줍니다."

물론 여기서도 칭찬받은 상대가 실제로 어떻게 느끼는지가 중요하므로, 칭찬한다고 해서 반드시 긍정적 결과를 가져오는 것은 아니다. 그러나 자신의 작은 변화를 알아주는 상사는 적어도 부하 직원이 기대고 싶고 믿고 싶어 하는 상사일 것이다.

고객을 직접 응대하는 일을 하는 부하 직원에게는 "패션 감각이 좋군. 넥타이가 참 보기 좋아" 하는 식으로 말을 걸 수 있다. 단, 이 경우에는 패션 감각이 좋다는 말에 그치지 말고 "넥타이가 단정해서 고객에게 깔끔한 인상을 주겠어" 같은 의미를 더하면 그 직원이 받는 인상은 달라진다. 적당히 형식적으로만 하는 칭찬이 아닌, 제대로 자신을 보고 칭찬한다고 느끼는 것이다.

조용한 지지와 지원이
신뢰를 만든다

'왜 내가 도움도 안 되는 부하 직원까지 칭찬해야 해?'

앞의 글을 읽으면서 이렇게 느끼는 사람도 있을 수 있다. 그러나 이는 단순히 부하 직원을 치켜세우는 일이 아니다. 그를 잘 관찰해서 작은 변화를 알아채는 관리자의 일이다.

꾸준히 부하 직원을 관찰하는 동안 당신은 다음과 같이 매우 사소한 사실을 깨달을 것이다.

'이 친구는 전에는 자료 작성만 했다 하면 실수투성이였지……. 최근에는 실수가 없네.'

'꼼꼼하지 못한 직원이라고 생각했는데, 자세히 보니 매일 구두를 깨끗이 닦아 신는구나.'

당신의 그 '깨달음'이 크든 작든, 중요한 점은 그 사람의 노력과 마음가짐을 보았다는 사실이다. 그러므로 이 사실을 그에게 전해 주면 아마도 매우 기뻐할 것이다.

부하 직원의 노력과 능력을 알아채는 것. 어떤 의미에서는 상사로서 당연히 해야 할 일이다. 이는 그 직원으로 하여금 자신이 인정받고 있다는 생각과 함께 업무 의욕을 더욱 고취시킬 것이고, 나아가 부하 직원 개인의 성장과 조직의 성장으로 이어지기 때문이다.

상사가 잘난 척을 한다고 해서 혹은 정말로 잘났다고 해서 부하 직원이 따르지는 않는다. 자신의 성과를 자랑하며 큰일을 척척 해내는 상사보다는 "나도 젊을 땐 영업이 힘들었어"라고 과거의 부족한 모습을 솔직하게 말해 주는 상사가 직원들 사이에서는 더욱 인기가 있다.

즉 **'나는 이런 일을 이뤘다'고 자랑하는 상사보다는 경력이 화려하지 않지만 힘들 때 조용히 도와주거나 지지해 주는 상사를 이상화하기 쉽다.**

물론 상대가 마음대로 상사를 이상화해 준다면 이야기는 좀 다르다. 그러나 이는 다나카 가쿠에이의 경우처럼 매우 드문 일이다. 직업상 나도 환자들이 "텔레비전에 나오셨

죠?", "책도 많이 쓰셨잖아요" 하며 이상화해 주는 경우가 적 잖이 있는데, 그것은 방송 또는 책이라는 매체의 힘 때문일 것이다. 더구나 방송이나 책과 관련된 일을 하는 사람은 한 정되어 있지 않은가.

뿐만 아니라, 상대가 무턱대고 '이분은 정말 대단해', '회 사 임원 자리에도 오를 수 있을 분이야'라고 생각할 만한 능 력을 갖고 있는 사람은 많지 않다. 그러므로 대개는 그때그 때 꾸준히 '의지가 되는 점'을 보여 주는 수밖에 없다.

자신은 의욕에 넘쳐 리더십을 아낌없이 발휘하는데도, 어 째서인지 부하 직원들의 반응이 시원찮은 탓에 '왜 나는 사 람이 따르지 않을까?' 하고 고민하는 사람들이 있다. 어쩌 면 그런 사람은 의도한 바가 아니었더라도 어딘가에서 '폼' 을 잡고 있을지 모른다. 혹시 당신은 과거의 무용담이나 성 공 경험 등을 부하 직원에게 줄곧 말하지는 않는가? 안타깝 지만 부하 직원 입장에서 그런 이야기는 자신과 전혀 무관 한 자랑일 뿐이다.

좀 더 효과적으로 부하 직원의 마음을 끌어당기고 싶다면 그의 업무를 세심히 관찰해야 한다. 그리고 별것 아니라고 생각할 수도 있겠지만 더 나은 방법을 알려주는 조언을 계속한다. 설교가 아니라 조언으로 이끌어 주는 것이다.

그러다가 언젠가 부하 직원의 업무가 좋은 방향으로 진행되었다고 하자. 그러면 그 직원은 '저분이 말한 대로 했더니 잘할 수 있었어' 하면서 당신을 의지가 되는 상사로 신뢰하게 된다.

이런 신뢰가 쌓여야만 당신은 비로소 리더십을 발휘할 수 있다. 무용담은 그 후에 말해도 충분하다. 신뢰 관계가 형성되어야만 상사의 무용담도 흥미롭게 들을 수 있다.

누군가에게
싫은 소리를 해야 할 때

만약 당신이 직장에서 상사라면 부하 직원을 질책하는 방식을 놓고 고민하는 경우가 적지 않을 것이다.

코헛의 경우 '질책'이라는 행위를 부정적으로 본다. 아랫사람이 아무리 실수를 저지르더라도, 그렇지 않아도 실수나 실패로 인해 상처를 입었을 텐데 그 상처에 소금을 뿌리는 일을 해선 안 된다는 입장이다. 다시 말해, '자기애'에 상처 입은 사람의 '자기애'에 상처를 더 주는 행동은 위험하다는 것이다.

그래서 **코헛은 질책이 아닌, 상대가 일체감을 느낄 수 있도록 상대의 쌍둥이 자기대상을 끌어내면서 실수나 잘못을**

바로잡는 방식을 쓴다. 예를 들어 '이런 실수는 흔히 할 수 있어. 나도 예전에 그랬어' 혹은 '다음에는 이런 방법으로 해 봐' 하고 이야기하는 것이다. 이 방법이라면 상대의 마음을 필요 이상으로 상처 주지 않고 올바른 방향으로 이끌 수 있다.

그런데 실수를 해도 상처를 입기는커녕 '나는 잘못한 것이 없다'는 뻔뻔한 태도를 보이는 부하 직원도 분명 있을 것이다. 이런 경우, 코헛의 입장을 유지해야 한다면 나는 다음과 같이 조언하고 싶다.

"결과는 칭찬하라. 행동을 질책하라."

예를 들어, 당신에게 아이가 있는데 시험에서 좋은 성적을 받았다고 해 보자. 만약 큰 노력을 하지 않고도 그 점수를 받은 것이라면 당신은 아이에게 우쭐하지 말라고 이야기하고 싶을 수 있다. 그러나 별다른 노력을 하지 않은 것처럼 보여도 실은 나름대로 공부법을 고민해서, 또는 실수하지 않도록 신경 쓴 덕분에, 아니면 공부 요령을 터득했기 때문에 높은 점수를 받았을 가능성도 있다. 따라서 "대단하구나! 정말 기쁘다. 다음에도 좋은 점수 받을 수 있도록 노력해 보렴" 하면서 결과를 칭찬해 주면, 아이는 기분이 좋아지고 의

욕도 샘솟을 것이다.

이번에는 당신의 아이가 시험에서 100점 만점에 20점을 받았다고 가정해 보자. 이 경우 "왜 점수를 이렇게밖에 못 받은 거야?" 하는 식으로 야단쳐선 안 된다. 20점을 받은 이유, 즉 행동을 꾸짖어야 한다. 20점을 받았는데 여전히 공부도 하지 않고 게임만 한다면 게임 시간을 줄이라고 주의를 주는 것이다. 이처럼 결과와 행동을 착각해선 안 된다.

업무에서 실수를 하고도 자신에겐 잘못이 없다는 듯 전혀 아랑곳하지 않는 부하 직원이 있다면, 예를 들어 거래처를 방문하는 일을 게을리한 탓에 실수를 하게 된 것인지도 모른다. 아니면 외근을 한다고 속이고 카페에서 한가하게 시간을 보냈기 때문일 수도 있다.

그처럼 실수의 '원인'이 되는 부분을 관찰해서 고쳐 주자. 왜 이런 실수를 했느냐며 감정적으로 질책해서는 안 된다. 자신이 한 실수의 배경을 유심히 지켜봐 주는 상사의 주의라면, 부하 직원은 거꾸로 '거울'로서 상사를 인정해 주는 경우도 있다.

코헛의 '거울'·'이상화'·'쌍둥이' 자기대상, 그리고 '공감'에 대해 이해해 두는 것만으로도 부하 직원을 대하는 방법이 달라질 것이다.

한편, 상사는 자신의 발언과 태도가 상대에게 어떻게 느껴질까를 늘 부하 직원의 입장에서 생각해야 한다. 아무리 선의를 갖고 조언했어도 그 직원은 그렇게 받아들이지 않을 수 있기 때문이다.

'사람들이 다 있는 앞에서 그런 얘기를 하다니! 정말 자존심 상하고 화가 나.'

이처럼 느낄 수도 있는 것이다. 게다가 한번 멀어진 사람의 마음을 되돌리는 것은 보통의 노력으로는 쉽지 않다.

그러므로 '내가 그런 말을 들으면 기분이 어떨까?'를 반드시 염두에 두고 자기 자신에게 말한다는 생각으로 상대에게 이야기하자. 윗사람이나 자신이 푹 빠져 있는 연인에게는 이것이 자연스럽게 되다가도 아랫사람을 대할 때는 순간적으로 소홀해지곤 한다. 항상 주의를 기울여야 한다.

우리에게 있는
두 가지 극

코헛은 리더가 되는 인물을 두 종류, 즉 '카리스마형 리더'와 '메시아형 리더'로 나눈다. 아마도 카리스마형은 들어본 적이 있을 것이고, 메시아형은 생소한 사람이 많을 것이다. 각각의 리더상에 대해 간단히 알아보자.

우선 코헛에 의하면 인간은 선천적으로 야심을 갖고 있는 생물은 아니다. 그런데 엉금엉금 기어 다니던 아기가 다리에 힘을 주어 일어서 보거나 스스로 더 어려운 것에 도전했을 때 부모에게 칭찬을 받는다면, 향상심이 형성되어 '더 칭찬받고 싶다'는 마음이 싹튼다. 이때 싹튼, 칭찬으로 충족되고 싶은 부분을 코헛은 '야심의 극(極, pole)'이라고 표현했다.

그러나 늘 칭찬받는 일만 있는 것은 아니다. 자기 생각대로 되지 않거나 불안해지는 경우도 있다. 그렇게 야심의 극이 충족되지 않은 상태에서 자신에게 부모가 "괜찮다", "걱정하지 마라" 하고 말해 주면 스스로 강해진 것 같은 느낌이 들고 안정감을 얻는 때가 있다. 이때 충족되는 자기의 부분을 코헛은 '이상(理想)의 극'이라고 불렀다.

그리고 코헛은 우리 인간은 성장하면서 더욱 칭찬받고 싶어 노력하는 '야심의 극'과 불안할 때 자신의 이상이 되는 대상에 의존하는 '이상의 극'이라는 두 가지 극이 생기는, 즉 '양극성 자기(bipolar self)'가 된다고 생각했다.

다시 리더의 두 가지 유형 이야기로 돌아가 보자.

먼저, 카리스마 유형은 자신의 야심이 충족되지 않을 때 대신 야심을 채워 주는 사람을 가리킨다.

예를 들어 과거 일본이 패전 후 사회적으로 분위기가 가라앉아 있던 당시, TV 프로레슬링 경기에서 역도산(力道山)^{한국 태생의 일본 프로레슬러}이 미국인 레슬러를 가라테춉^{당수 치기. 손날로 상대의 가슴을 타격하는 기술}으로 제압하는 모습이 방송되었다. 그것을 본 일본인들은 "이겼다!" 하고 외치며 각자 '야심의 극'을 충족시킬 수 있었다. 이때 역도산은 많은 일본인들에게 '카리스마형 리더'였다고 간주할 수 있을 것이다.

미국에 큰소리치지 못하는 일본의 정치인들에게 "'노 (No)'라고 말할 수 있는 일본이 되라"라며 강하게 제언한 이시하라 신타로(石原慎太郎)일본의 우익 보수파를 대표하는 인물도 한때는 카리스마형 리더였을지도 모른다.

그 밖에 가까운 예로, 당신이 회사에 불만이 있는데 과장이 대신 부장에게 강하게 말해 준다면 그는 당신에게 카리스마형 리더가 된다. 결국 자신을 대신해 활약해 주는 사람이 카리스마형 리더다.

한편, '메시아형 리더'는 말 그대로 구세주에 가까운 존재다. 자신이 야심을 갖고 있지 않을 때도 '이 사람을 따르면 어떤 상황에서도 안전하다!'라고 생각할 수 있는, '이상의 극'을 충족해 주는 인물이다.

확언하기는 다소 어려운 사례이지만, 미국 도널드 트럼프 대통령의 경우 '서민이 가진 불만의 대변자'라는 면에서는 카리스마형이라 할 수 있고, '이 사람이라면 세상을 바꿔 줄 것 같다'는 면에서는 메시아형이라고 할 수 있다.

물론 이는 각 유형 자체에 대한 이야기일 뿐, 두 가지 유형을 겸비했다고 해서 반드시 훌륭한 리더가 된다고는 할

수 없다. 다만 트럼프가 카리스마형과 메시아형, 양쪽 모두
를 가진 리더로 보였기 때문에 선거에서 승리할 수 있었다
는 점은 분명하지 않을까?

왜 리더들은
자꾸만 '센' 발언을 할까

　앞에서 두 가지 유형의 리더를 살펴봤는데, 현실적으로는 '이 사람이라면 새로운 세상을 보여 줄 것 같다', '불경기를 해결해 줄 것이다'라고 느끼게 하는 메시아형 리더는 그다지 쉽게 나타나지 않는다.

　그렇기 때문에 아베 신조 총리나 블라디미르 푸틴 러시아 대통령 등 여러 나라의 정상들은 카리스마형 리더를 지향한다. 즉, 자신이 세상을 바꿀 수 없는 대신 대외적인 태도와 외교 협상에서 강한 면을 보여 주려는 것이다.

　필리핀에서는 과격한 언동으로 단숨에 유명해진 로드리고 두테르테 대통령이 인기다. '마약 범죄를 저지른 사람은 살해해도 좋다'는 등, 귀를 의심할 만한 정책을 펴서 미국을 비롯해 여러 나라들로부터 비난을 받는 인물이다.

그러나 그는 대통령 취임 직전 실시된 조사에서 80퍼센트를 넘는 지지율을 모았고 현재도 압도적인 지지율을 유지하고 있다. 대외적으로 그는 다른 나라의 대통령과 저널리스트, 나가서는 UN에 대해서까지 과격한 발언을 내놓는 등 도발에 도발을 거듭하는, 위태로운 외교를 펴고 있다. 그런 발언이 반복될 때마다 외부에서는 '또 말도 안 되는 소리를 한다'고 생각하지만 국내에서 그는 여전히 높은 지지를 받고 있다.

필리핀 국민들의 입장에서 생각해 보면 미국을 비롯해 여러 외국을 상대로 한 걸음도 물러서지 않는 리더를 든든하게 여기는 면도 있을 것이다. 이처럼 대다수가 이상하다며 미간을 찌푸리는 리더도 일부 사람들에게는 자랑스러운 리더일지도 모른다.

이상적인 리더가
되고 싶다면

그런데 사실 코헛은 카리스마형도 메시아형도 이상적인 리더라고 생각하지 않는다. 코헛의 놀라운 점은 바로 이 부분에 있다.

요컨대 카리스마형 리더나 메시아형 리더는 어디까지나 유사 경험을 가져오는 것일 뿐, 실제로 각자의 야심을 채워 주거나 이상화를 충족시켜 주는 존재는 아니라는 것이다. 오히려 이들 리더는 신흥종교의 교주와 같다.

정말로 의지가 되는 사람이 옆에 있거나, 아니면 자신이 이상적인 사람에 가깝다면 애당초 카리스마형 리더도 메시아형 리더도 필요가 없다.

이런 리더들은 예를 들어 나라나 어떤 집단이 혼란할 때 구성원을 하나로 모으기 위해서 필요한 존재다. 그래서 회사가 위기에 처했을 때 해외에서 카를로스 곤(Carlos Ghosn) 같은 인물이 '내가 메시아가 되어 주겠다'며 등장하는 정도는 괜찮다. 브라질 태생의 프랑스 기업인 카를로스 곤은 경영 위기에 직면한 닛산을 흑자로 돌려 놓는 등 일본의 자동차 회사 닛산의 성공적인 재건을 이뤄 냈다 하지만 처음부터 있던 사장이 카리스마나 메시아형 리더가 되어 버리면, 직원들은 사장에게 완전히 의지한 나머지 모든 일에서 그의 지시를 기다리는 상황이 될 수 있다. 또 후계자 교육이 확실치 않을 경우 사장에게 무슨 일이 생겼을 때 그 자리를 대신할 사람이 없는 상황도 있을 수 있다.

코헛이 생각한 가장 이상적인 리더는 '구성원들에게 이성을 찾아 줄 수 있는' 사람이다. 여기서 이성을 찾아 준다는 것은 어떤 의미일까?

회사를 예로 들자면, 모든 직원들이 '사장이 있어서 든든하다'며 안심하고 있는 상황에서 리더가 다음과 같이 말하는 것이다.

"잠깐, 내가 영원히 사는 것도 아니고 언제든지 자리를 비울 수 있으니 여러분은 늘 경계할 줄 알아야 합니다."

아니면, 세상이 떠들썩할 정도로 크게 실패한 어느 기업을 직원들이 마치 가상의 적처럼 여겨 손뼉 치며 좋아할 때 이렇게 말하는 것이다.

"이러면 오히려 손해를 볼 뿐이에요. 각자 해야 할 일을 합시다."

물론 이러기는 쉽지 않다. 자신의 입장과 상황에 지나치게 빠지지 않고 스스로를 객관적으로 바라봄으로써 해야 할 일을 하도록 지시를 내리기 위해서는 상당한 냉정함과 담력이 필요할 것이다.

대중을 한데 모아야 할 때 일시적으로 카리스마나 메시아형 리더가 필요한 경우는 있어도 이는 본래의 리더십이 아니라고 코헛이 말하는 이유가 여기에 있다. 세상에서 가장 다정한 정신과 의사인 그는 리더에 관한 철학에서도 본질을 꿰뚫는다. 일반적으로는 거의 알려져 있지 않지만, 코헛의 리더론은 매우 개성적인 동시에 핵심을 찌르고 있다. 상대의 입장과 인간관계를 무엇보다 중요하게 생각한 그이기에 도달할 수 있는 생각이 아닐까?

코헛이 내게 알려 주는 것

2장에서 살펴본 코헛의 인간관과 인간관계관을 토대로, 3장에서는 보다 구체적인 유형별로 사람들을 대하는 방법을 제안했다. 완전히 일치하는 경우는 아니어도 당신 주변에 '그 사람은 이 타입이다' 하고 떠오르는 사람이 있었을 것이다. 어쩌면 '내가 이 타입인 것 같다'라고 생각하는 경우도 있었을 것이다.

코헛이 말한 대로, 당신 자신이든 혹은 다른 사람이든 지금 마음 상태가 좋지 않다면 그것은 '지금 무언가가 부족하기 때문'이다. 그런 자신과 상대를 부정적으로 단정하지 말고, 이해하고 대응하는 방법을 바꿈으로써 개선할 수 있다. 이는 곧 건강한 인간관계로 이어지고 결과적으로 풍요로운 인생을 만들어 줄 것이다.

- 잊어버리기 쉬운 사실이지만, 사람의 가치관이나 생각은 각자 다른 것이 당연하다.
- 싫은 사람을 상대해야 할 때는 우선 '동정심'을 가져 본다.
- 자기 자랑이 심한 사람에게는 그의 '자랑거리 외의 부분'을 칭찬한다.
- 상사는 부하 직원에게 자랑을 늘어놓기보다 그때그때 작은 지지와 지원을 해 줌으로써 쉽게 신뢰 관계를 쌓아 갈 수 있다.

나의 생각을 존중받지 못해서, 다른 사람의 생각을 이해하지 못해서 우리는 괴로움을 겪거나 상처를 입을 때가 많다. 코헛은 저마다의 주관을 중요하게 생각했다. 열 사람이 있으면 열 가지 생각이 있고 우리는 각자의 생각을 존중해야 한다.

만약 이해할 수 없다면 괴로워하기보다 자신과 다르다는 사실을 덤덤하게 받아들이자. 다름을 받아들이거나 존중할 때 조금씩 따뜻한 공감으로 이어질 수 있는 것이다. 또한 다양한 생각들 덕에 세상은 더욱 다채로워지고 새로운 변화를 만들어 낼 수 있다.

4장

'공감'이 바꾸는 세계

-외로움도 관리가 필요하다

사람 행복의 90퍼센트가 인간관계에 달렸다.

-키에르케고르

관찰할수록
그 사람을 하나씩 알아 간다

마지막 장에서는 코헛을 배움으로써 눈에 들어오는 사회의 문제점들을 살펴보자.

먼저, '선거제도'다. 상대에게 '공감'할 수 있는 사람이 활약할 수 있는 곳은 회사만이 아니다. **정치 세계에서도 마찬가지다. 예를 들어 선거를 앞둔 TV 토론에서 '이런 말을 하면 청중은 어떻게 생각할까?'를 정확히 상상해서 발언할 수 있는 사람이 결과적으로 승리한다.**

내가 보기에 일본 선거제도의 근본적인 문제는 선거운동 기간이 불과 2주라는 점이다. 미국의 대통령 선거처럼 선거운동 기간이 길면 그 안에서 필연적으로 후보의 결점이 나

오고, 거꾸로 대수롭지 않게 생각했던 후보의 뛰어난 능력이 점점 드러나기도 한다. 차분하게 관찰할 시간이 생기면 어떤 사람이 더 적절한가 하는 판단을 보다 냉정하게 내릴 수 있다. 그 결과 선출된 현 미국 대통령에 대해서 어떻게 생각하는지는 당신 생각에 달렸지만 말이다.

그러나 일본처럼 겨우 2주 동안 얼마나 성과를 올릴 수 있을지 회의적인 선거에서는 결과적으로 지명도가 높은 후보가 유리하게 작용하는 경우가 많다. 그래서 탤런트나 세습 정치인일본에서는 해당 지역구에서 2대, 심지어 3대에 걸쳐 국회의원직을 하는 세습 정치인이 여럿 있다 아니면 현직 의원이 우세해진다. 대세로 보아 유리한 분위기의 정당에 소속되어 있다는 사실만으로 당선되는 경우도 일어날 수 있다.

만일 선거 기간이 길면 지지율이 낮은 군소 후보 가운데서 돋보이는 인재가 나타날지도 모른다. 적어도 "어떤 사람들인지 몰라서 누구에게 투표해야 할지 모르겠어", "그래서 난 투표장에도 안 갔어" 하는 씁쓸한 상황이 되지는 않을 것이다. 현재로서는 일본의 선거제도 자체에 '공감 능력이 없다'고 말할 수밖에 없다.

몇 분 만에 사람을
알 수 있을 거란 교만

선거제도도 그렇지만, 공감에 기반을 둔 사고가 결여된 모습은 그 밖에도 많이 찾아볼 수 있다. 그중 하나가 대학이나 기업에 들어갈 때 치르는 면접시험이다. 애당초 면접 전문가도 아닌 면접관이 단 15분이나 30분으로 상대를 알 수 있다고 생각하는 자체가 무리가 아닐까?

예를 들어 도쿄대학교에는 주로 의학부로 진학하는 학생이 들어가는, 이과삼류(理科三類)^{도쿄대학교의 전기 과정 과류(科類) 중 하나. 이후 대부분 의학부 의학과로 진학한다}라 불리는 학부가 있다. 이 학부에 들어가기 위한 면접시험이 한 차례 폐지되었다가 2018년부터 다시 시행하게 되었다. 이 소식을 들은 사람들은 대부분 반가

위했다. 면접 없이 의대에 들어가는 과정을 이해하지 못했던 것이다. 그러나 나는 훈련도 받지 않은 아마추어 면접관에게 판단을 맡기는 것이 더 아니라는 생각이 든다.

이전에 일본 군마현의 군마대학교 의대 부속병원에서 한 의사에게 수술을 받은 환자들이 연이어 20명가량 사망한 안타까운 사건이 있었다. 또 최근에는 의대생이 저지른 집단 강간 사건도 있었다. 전부 입시 면접이 있는 대학의 학생들이었다. 의사가 되어야 할 사람을 꿰뚫어 볼 수 있다는 이유로 면접시험을 치른다면, 이런 문제를 일으킨 의대생들의 면접관은 물러나게 해야 한다. '이 사람은 의학을 배우려는 자로서 적합하다'는, 잘못된 판단을 했기 때문이다.

일반 기업이라면 이런 사람을 누가 뽑은 거냐며 면접관의 책임을 묻기도 하지만, 대학교의 면접시험에서 면접관의 책임을 묻는 일은 좀처럼 없다. 게다가 애당초 대학도 진학하기 전인, 인생을 고작 십수 년밖에 살지 않은 아이들 중에서 '이 학생은 의사를 하기에 적합하다'고 할 만큼 인격적으로 완성된 사람을 찾는 게 불가능한 일 아닐까? 처음부터 무엇이든 잘할 수 있는 사람을 찾겠다는 그 시점에서부터 교육자로서는 실격이라 해도 과언이 아니다.

본래대로라면 대학 입학 후 학교에서 소통 능력과 공감 능력을 향상시키는 훈련을 하면 될 것이다. 그러나 문제는 의과대학에 진학해도 소통 및 공감 능력 향상을 위한 트레이닝이 체계적으로 짜여 있지 않다는 사실이다. 이것은 매우 위험하다. 의사에게 의학 기술이나 지식과 마찬가지로 꼭 필요한 것이 바로 이러한 능력이기 때문이다.

의사는 몸이 아프거나 약한 환자를 대하며 차분히 이야기를 들어 주고 신뢰 관계를 쌓기 위한 대화를 해 나가야 한다. 나로서는 이 책에서 소개하는 코헛 심리학을 필수 과목으로 해야 한다고 주장하고 싶을 정도다.

그런데 **아마추어 면접관에 의한 면접시험은, 말하자면 강자가 약자를 상대하는 모습이다. 이 경우 면접관은 자신을 치켜세워 주거나 듣기 좋은 말을 하는 사람이 당연히 마음에 들 것이다. 하지만 면접자가 면접관을 상대로 아무리 재치 있게 말한다고 해도, '의사라는 직업이 적성에 맞는가' 하는 관점으로 보면 그러한 언변은 아무런 의미가 없다.**

그래서 나는 몸이 아픈 사람의 마음을 잘 아는 노인 혹은 환자가 의과대학의 면접관이면 어떨까 생각한다. 미국의 경우 하버드대학교에서도 교수가 면접을 보는 일은 절대 없다. 면접을 담당하는 것은 전문 면접관이다. 게다가 이 과정은 한 번으로 끝나지 않는다. 세 번, 네 번에 걸쳐서 면접을 반복한다. 이는 '나라면 누가 괜찮은 친구인지 알아볼 수 있다'는 면접관의 자만심을 없애는, 본래의 면접 의도에 가까운 형태라고 할 수 있다.

한편, 면접을 치르는 학생 입장에서 생각해 보자. 만약 자신의 시험 점수가 낮아서, 또는 전문 면접관의 면밀한 판단 하에 낙방을 하게 되었다면 그는 '아쉽지만 재수해서 내년에 다시 도전하자!' 하고 긍정적으로 생각할 수 있다. 그러나 인재를 알아보는 데에 아무런 전문성이 없는 교수 면접에서 떨어졌다면 어떨까? 결과를 쉽게 받아들이기 어려워 매우 억울할 것이다. 필사적으로 공부해 성적을 높였는데 결국 떨어지고 만 심정은 짐작하고도 남는다.

면접과 관련해 훈련을 받은 적도 없는 교수들이 단시간에 '이 사람은 적합하다, 또는 적합하지 않다'를 결정하는 것은 교만함의 극치다.

그래서 '나는 상대를 안다'는 교만함을 가진 사람보다는 '공감이란 어려운 일이다', '상대에 대해 쉽게 알기는 힘들다'고 생각하는 사람이 오히려 신뢰할 만한 경우가 더 많다고 본다. 그와 더불어 누군가를 처음 만났을 때도 겉모습만 보고 상대방을 판단하는 사람보다 오랫동안 상대방을 보며 함부로 판단하지 않는 사람이 현명하다고 생각한다.

그 상황이 되지 않으면
아무도 모를 일

'상대의 입장이 된다'는 것은 말 그대로 상대의 입장을 상상하고 생각하는 것이다. '상대의 기분을 안다', '상대를 알고 있다'고 멋대로 생각하는 것이 아니다.

앞서 예로 든 의과대학의 면접을 본 교수만큼은 아니더라도, 우리는 누구나 무의식중에 자신이 상대를 안다고 여긴다. 여기서는 그 위험성에 대해서 알아보려 한다.

많은 사람들이 자신의 노후를 상상하면서 이렇게 생각하곤 한다.

'난 거동도 못 한 채 누워 지내면서까지 살고 싶진 않아.'

'주위에 폐를 끼치면서까지 오래 살고 싶은 마음은 없어.

아마 대부분의 사람이 비슷할걸.'

어쩌면 당신은 이런 생각을 실제로 입 밖으로 꺼내 "나는 늙어서 내 몸도 제대로 못 움직이면서까지 살고 싶지는 않아"라고 말한 적이 있을 수 있다. 그러나 지금처럼 '신체가 건강한' 상태에서는 그렇게 생각할지 몰라도, 정말로 거동이 불가능한 상태가 되면 어떨까? 그때가 되면 지금처럼 자유롭게 움직일 수 없으니 빨리 죽고 싶다고 생각할까?

이는 실제로 그 상황이 되어 보지 않으면 결코 알 수 없는 일이다.

정신과 의사로서 나는 지금까지 수많은 고령의 환자들을 겪었다. 경험을 토대로 말하자면, 예를 들어 거동을 할 수 없어서 누워서만 지내게 되었다 해도 '살고 싶다'고 생각하는 사람이 압도적으로 많았다. 누워만 있는 할아버지와 할머니에게 링거나 주사를 놓으면 모두 웃는 얼굴로 "선생님, 고마워요" 하고 말한다. '날 좀 내버려 둬' 같은 태도를 보이는 이는 거의 없다.

그 이유는 무엇일까? 예외는 있지만, 이들이 '어느 날 갑자기' 거동을 못하게 되는 것은 아니기 때문이다. 사람은 나이가 들면서 누구나 하체의 힘이 차츰 약해진다. 그러다 보니 지팡이를 쓰고 싶지 않아도 위험하기 때문에 지팡이를 짚어야 하는 때가 온다. 여기서 조금 더 지나면 지팡이를 짚어도 걸을 수가 없게 되고, 본인의 의지와 상관없이 휠체어를 타게 된다.

이렇게 사람은 한 단계, 한 단계씩 신체가 약해지는 자신의 상황을 파악하고 인정하며 받아들인다. 그런 단계를 모두 거친 후에 비로소 누워 지내게 된 경우가 많기 때문에 불현듯 '절망적이다', '죽고 싶다' 하는 마음이 들지는 않는 것이다. 그러므로 설령 자신의 부모가 거동을 못 하게 되었다고 해도 '꼼짝 못 하고 누워만 계시니까 더 이상 링거나 주사도 원치 않으실 거야'라고 생각해서는 안 된다.

갑작스럽게 사고를 당해서 거동이 불가능해진 경우도 있다. 하지만 그렇다고 해서 '저 사람은 움직이질 못하니 살고 싶지 않을 거야'라고 생각할 수 있을까? 그럴 수는 없다. 물론 이런 사고를 당한 사람이 상당히 고령일 경우 슬프게도 일부에서는 '어차피 회복이 어려워 의료비 낭비이므로 처치는 필요하지 않다'고 주장할 수 있다. 일본 사가미하라에 위치한 장애인 시설에서 끔찍한 사건을 저지른 범인 역시 이와 비슷한 말을 하기도 했다. *2016년 일본 가나가와현 사가미*

하라에 있는 지적장애인 복지시설에서 발생한 집단 살상 사건으로, 과거 해당 시설에 근무했던 범인이

휘두른 칼에 19명이 숨지고, 26명이 부상당했다

    그러나 이것은 상대의 입장에서 생각했다고 할 수 없다. 최소한의 인권을 존중하지 않았으며, 고령자와 장애인에 대한 엄연한 차별이다. 기본적으로 인간은 '살고 싶어 하는' 생물이다. 어떤 이유에서든 자신과 다른 환경이나 입장에 있는 사람을 자신만의 생각으로 간단히 단정 지어서는 결코 안 된다.

공감 부족이
교육을 망친다

세상에는 다른 사람에게 '공감하지 않는' 사람들이 초래하는 부조리, 혹은 불이익이 적지 않다. 나로서는 이 책을 읽고 코헛을 알게 된 독자들이 '사람들이 서로 공감하지 않기 때문에 생기는 부조리와 불이익'의 존재를 인식하고, 적어도 그들만큼은 그 구멍에 빠지지 않도록 주의하기를 바라는 마음이다.

앞의 의과대학 면접시험 이야기에서 나는 교육자임에도 불구하고 '사람은 교육에 따라 달라진다'는 발상 없이 이미 만들어진 인간을 뽑으려는 교수들의 태도, 그리고 성실하게 공부해 왔지만 말주변이 없다는 이유로 낙방한 학생이 받는 절망감에 대해 설명했다.

같은 교육계 이야기로, 1990년대 초 일본에서 실시되었던 학습 평가 제도 중 하나인 '관점별 평가'가 있다. 이것은 필기시험에서 만점을 받아도 '의욕·태도'를 평가하는 점수가 낮으면 내신 점수가 하락하는 시스템이다.

물론 교사들은 이 제도를 공정하게 적용하려고 노력했을 것이다. 그러나 학생 입장에서 바라보면 어떨까? 어디까지나 '선생님의 시선에서 학생의 의욕과 태도'를 평가하는 것이기 때문에, 많은 교사들은 편할지 몰라도 학생들로서는 매우 불편했을 것이다.

선생님과 학생 간에도 이른바 '궁합'이 있을 것이며, 크게 애쓰지 않아도 좋은 점수를 받는 아이가 있는가 하면 있는 그대로의 모습으로는 도저히 제대로 된 평가를 받을 수 없는 아이도 있을 것이다. 별생각 없이 하는 평소의 언행이 평가 대상이 된다는 사실을 의식하면, 왠지 감시받는다고 느끼는 아이도 있을지 모른다.

'관점별 평가'를 도입하면 학생들이 어떤 기분일지 그리고 그 결과로 학생들이 어떤 행동을 하게 될지에 대해 교육 정책에 관여하는 사람들이 과연 진지하게 생각해 봤는지 의

문이 든다. 실제로 이 제도를 도입한 후 주로 중학교에서 교
내 폭력과 등교 거부가 급증했다는 사실에서 합리적 의심이
가능하지 않을까.

다른 사람의 입장을 생각하면
사회를 구할 수 있다

'공감'이라는 관점에서 생각해 보면, 그동안 당연하게 여겨 온 일도 너무 엄격하게 여겼던 게 아닐까 싶은 경우가 많다. 그중 하나가 기초 생활보호를 둘러싼 문제다.

TV 등의 매스컴은 이에 대해 "일도 안 하는데 돈을 받는다?", "또 부정 수급자 적발!", "세금 도둑"이라며 비난하는 논평을 쏟아 낸다.

그러나 이런 견해를 말하는 사람이건 듣는 사람이건, 생활보호를 받는 이들의 실태를 직접 조사해 본 경우는 얼마나 될까? 생활보호 수급자 중 상당수는 고령의 노인이거나 우울증 등 질병을 앓는 환자이며, 더구나 그들은 부정 수급자도 아니다. 그런데 이 사실을 과연 얼마나 많은 사람들이 알고 있을까? 그리고 이를 알고 난 후에는 방송 매체의 보도를 어떻게 생각할까?

한편으로, 이런 논평을 우연히 접하게 된 기초 생활보호 수급자들이 있을 것이다. 그중 일을 하고 싶어도 할 수 없는 노인이나 우울증에서 벗어나지 못하는 사람들은 다음과 같이 생각할지도 모른다.

'난 쓸모없는 인간이구나. 살아 있기 부끄러운 목숨이야.'

'나는 더 이상 살아 있을 자격이 없어.'

그들은 이처럼 불필요한 상처를 받고, 최악의 경우 스스로 목숨을 끊는 경우도 발생할지 모른다. 충격적일 수 있겠지만 실제로도 그런 일이 일어나곤 한다.

하지만 그런 사태를 상상조차 하지 않고 아무렇지 않게 '생활보호를 받는 사람 = 악(惡)'이라고 한데 묶어 비난하는 사람들은 자신의 말이 누군가를 죽일 수도 있다는 것을 전혀 깨닫지 못하는 셈이다. 이들은 자기 자신이 절대로 생활보호를 받지 않는다는 보장이 없는데도 마치 원수를 대하듯 맹렬히 수급자를 비난한다. 이는 마치 '나는 어떤 일도 상대방의 입장에서 생각할 줄 모르는 인간'이라고 말하는 것처럼 보일 뿐이다.

따라서 공감 능력이 없는 교육계 종사자나 유명인, TV에 출연하는 시사 문제 전문가라는 인물들이 사회에서 이른바 강자의 입장에 서는 것은 세상에 큰 장해가 된다. 피해를 입은 측이 약자인 경우 그에 항의하거나 자기 의견을 말하기가 어렵기 때문이다. 이런 사회에서 상대의 입장을 상상하지 못하거나, 상대에게 공감하려 하지 않는 사람이 늘어나면 세상은 과연 어떻게 되겠는가.

그들의 '공범자'가 되지 않기 위해서는 우리 한 사람 한 사람이 '상대의 입장에서 생각해 본다'는 것을 늘 의식함으로써 그들에게 동조하지 않겠다는 태도를 유지해야 한다. 그것만이 유일한 방법이다.

'노오력' 같은 소리는
이제 그만

　아들러의 자기계발적 이론이 최근 크게 선풍적 인기를 끌었다. 이 현상을 보면서 나는 이 사회에서 지금 '강자의 논리'가 큰 힘을 얻고 있다는 생각이 들었다.

　코헛은 사람은 의존적인 생물로, 심리적 의존이 충족되지 않으면 정신이 불안정해지고, 그것이 충족되면 행복해진다고 생각했다. 그리고 상대에게 공감함으로써 서로의 심리 욕구가 채워지는 '상호 의존' 관계야말로 인간관계에서 가장 이상적인 목표라고 했다. 요컨대 혼자 자립해 살아가기 위해 발버둥 치기보다는 상호 의존이 가능한 인간관계를 구축해 살아가는 것이 훨씬 효율적이라고 본 것이다.

코헛의 이런 사고방식과 가까운 인물이 일본 최고의 지식인이자 정신분석학자 도이 다케오다. 자신의 저서 《'아마에'의 구조》에서 그는 아마에(어리광)는 일본인을 이해하는 데에 매우 중요한 말로, 사람은 다른 사람에게 어리광 부리는 경험을 하지 않는 한 성숙한 존재가 될 수 없다고 했다. 코헛과 마찬가지로 올바른 형태의 '상호 의존'이 중요하다는 사실을 강조한 것이다. "일본인과 일본 문화를 완벽하게 써낸 명저"라 불린 이 책은 1970년대에 국민적인 베스트셀러가 되기도 했다.

반면에 오늘날의 풍조, 예를 들어 생활보호 수급자들을 가리켜 '일하지 않고도 돈을 받는다'며 뭉뚱그려 비난하는 분위기는, 뒤집어 말하자면 어떤 의미에서 '사람은 더 강한 존재'라는 생각을 바탕으로 한다. '사람은 원래 강한 존재라고 믿는 것', 이는 그것대로 하나의 사상이다. 아들러가 유행한 배경에는 이런 가치관을 가진 사람들의 존재도 있지 않았을까?

물론 아들러가 생활보호제도를 비판했다는 의미는 아니며, 아들러의 이론을 선호하는 사람들이 사회적 약자를 구제하는 일에 반대한다는 것도 아니다. 오히려 아들러의 사

회적 약자에 대한 시선은 따뜻했고 그의 아내는 사회주의자
였다. (단, 사회주의나 공산주의는 인간에게 다정한, 혹은 최소한 엄하지
는 않은 사고방식처럼 보여도 실제로는 엄격함을 내포하고 있다. '일을 하
든 하지 않든 수입은 똑같지만 그래도 당신은 일해야 한다'고 보기 때문이
다. 그러나 여기서는 이 정도만 이야기하기로 하자.)

   자신의 사고방식과 목적을 바꾸는 것만으로 스스로를 새
롭게 바꿀 수 있으며 하고 싶은 일을 할 수 있다는 것은 뛰
어난 자기계발적 사고방식이다. 이를 거꾸로 보면 '일이 잘
풀리지 않는 것은 그 사람의 사고방식이 잘못되었기 때문',
'자기 일은 스스로 해결하라' 하는 자기 책임론으로 이어진
다. (아들러는 자신에게는 엄격하되 타인에게는 다정한 사람이었다. 그리
고 이를 다른 사람에게도 권했지만, 이 부분은 간과되는 경향이 있다.)

   그래서 실제로 지금 사회에는 노동을 권하고 생활보호
를 비난하는 자기 책임적 사고방식이 존재한다. 과거에 레
닌이 일하지 않고 편히 사는 계층을 비판하기 위해 했던 말,
"일하지 않는 자, 먹지도 말라"와 같은 사고방식이다. 따라
서 유럽과 비교하면 일본의 기초 생활보호비는 국민총생산
(GDP) 대비 몇 분의 1에 불과한데도 많다고 여기며, '일이 없
으면 일하지 않아도 괜찮다'와 같은 생각은 있을 수가 없다.

또한 스스로 목숨을 끊어도 그 사람의 책임처럼 이야기되고, 의존증도 의지의 힘으로 고칠 수 있다고 보기 때문에 각성제에 의존하는 연예인을 의지박약이라고 가차 없이 비난하며, 도박 의존증이나 알코올 의존증 환자도 그 사람 자신의 잘못으로 간주해 치료가 필요하다고 생각하지 않는다.

이런 나라가 불경기로 어려움을 겪고 있을 때 경제적으로 성공한 미국에서 자기 책임적 사고방식이 들어왔고, 모두가 문제가 생길 때 '역시 내 잘못이야'라고 생각하게 되는 것은 당연한 일이다. 이와 더불어 미국에서 자기계발의 시조라 할 아들러의 사고방식을 배워야 한다는 생각 역시 자연스러운 흐름이라고 할 수 있다.

이대로는 상황이
점점 나빠질 뿐

아들러식 '자기 책임'을 내세운 강인한 가치관과 코헛의 '상호 의존'을 내세운 배려의 가치관. 어느 쪽을 매력적으로 느끼는가는 각자의 입장과 생각에 달렸다.

그러나 나는 지금의 시대가 강한 쪽, 나아가 강인함이 전부라는 쪽으로 기우는 것은 아닌지 우려가 된다.

앞서 언급한 미국 대통령 선거에서 트럼프는 '모두에게 일할 기회를 주겠다'고 했었는데, 이것은 바꿔 말하면 '일하지 않는 자, 먹지도 말라'로 읽을 수도 있다. 약자를 돕기 위한 사회보험제도였던 오바마케어(Obama care, ACA)버락 오바마 전 대통령이 주도한 미국의 의료보험 제도 개혁 법안으로, 전 국민의 건강보험 가입 의무화를 골자로 한다의 중단을 포함하여, 트럼프의 기본적인 생각은 '국가도 강하게, 사람도 강하게'로 집약된다. 오바마케어의 경우 사실 오바마 진영에서도 반대파가 있었는데, 반대 현상만 보더라도 미국의 '자기 책임적' 사고를 잘 알 수 있다.

선거운동 중에 트럼프가 내세운 "미국을 강한 나라로"라는 메시지는 유권자들의 인상에 강렬하게 남았겠지만, 이는 개인에게도 강인함을 요구하는 메시지이었음을 과연 얼마나 많은 미국인들이 알고 있었을까? 실제로 현재 실행되고 있는 트럼프의 정책들은 약자를 생각하는 정책으로 보이지는 않는다.

대통령이 자신의 반대 세력을 무시하거나 해고하는 것은 상대적으로 약한 입장에 대해 전혀 공정한 행위가 아니다. 그럼에도 왜 빈곤층이나 약자인 사람들은 이런 트럼프에게 표를 주었던 것일까?

비록 나는 정치 전문가도 미국 전문가도 아니지만, 미국에 살았던 경험이 있는 정신과 의사로서 이것이 의문이었다. 오래전 미국에서 유학하던 중에도 자주 느꼈는데, 미국인들은 아메리칸 드림(American dream)을 강하게 믿고 따른다. 그래서 당시에도 다음과 같은 사회적 목소리가 거셌다.

"부유층에게 증세를 하면 당신들은 빌 게이츠가 될 수 없다! 이대로 아메리칸 드림이 사라져도 좋은가?"

그런데 사회적 제도의 보호가 필요한 빈곤층까지도 이런 생각에 동조하면서 부자들을 대상으로 한 감세가 이루어졌다. 이제는 격차가 커져 그런 심리가 더욱 강해지고 있는지도 모른다. 또한 그들은 공공의 적을 만드는 것으로써 결속을 다지려는 듯, 자신들의 아메리칸 드림을 지킨다는 명목으로 외부인들을 강하게 배척하기도 한다.

지금 이러한 정책과 태도는 이제까지의 정권이 시도하지 않았던 방법으로 빈곤층을 구제하는 메시아처럼 보일 것이다. 그러나 이는 생활고로 허덕이는 사람에게 복권을 팔아 잠시 꿈을 꾸게 만드는 것과 마찬가지다. 이래서는 빈부 격차가 더욱 벌어져, 몇 년 뒤 빈곤층의 절망감은 훨씬 커질 것이다.

동정보다는
돈이지

　제2차 세계대전 이후 일본이 취한 농업 정책 중 하나로 감반정책(減反政策)^{일본은 1970년 쌀의 재고가 연간 수요량의 60%에 달하자 1971년부터 벼 경작지와 생산량을 줄이는 생산 조정제를 추진했다}이 있다. 이것은 쌀에 대한 생산 조정제로 이른바 '벼를 경작하지 않으면 돈을 준다'는 정책이다. 참고로 그 땅에서 쌀이 아닌 다른 작물을 경작하는 것은 상관없다.

　농가에서는 쌀을 생산해 돈을 벌고 싶어 하지만, 나라에 쌀이 남아돌기 때문에 생산하지 말아 주었으면 좋겠다는 것. 한마디로, 농민들이 쌀농사를 짓지 않는 대가로 국가가 돈을 지불하는 제도다.

인내에 대한 이 비용은 2018년에 마침내 폐지되기에 이르렀는데, 나로서는 사람들이 이 제도는 인정하면서 생활보호는 왜 비난하는지 의문이다. 왜냐하면 생산 조정제의 경우 일할 의욕도 능력도 있는 사람에게는 일을 못하게 하면서도 돈을 지불하는데, 생활보호 수급자들 중 90퍼센트는 일을 하고 싶어도 할 수가 없는 사람이기 때문이다. 원래는 후자의 사람들에게 돈을 주는 것이 더 타당하지 않겠는가?

코헛은 약한 사람들은 복지를 통해 도와줘야 한다는 생각이다. '동정할 거면 돈을 달라'를 실천해야 한다고 주장하는 것이다. 한편 아들러는 노동환경을 개선해야 한다고는 말하지만 '목적만 있으면 일할 수 있다'는 사고방식으로, 목적인 생산성을 더욱 올리자는 입장이다.

그러나 아들러의 방식은 현재의 '생산과잉, 소비 부족' 사회에 적합하지 않다. 앞에서 언급한 감반정책만 봐도 '부탁이니 더 이상 쌀을 생산하지 말라'고 할 정도다. 더 많이 생산하려는 것이 세상의 요구에 반하기 때문이다. 그리고 이런 문제는 쌀 생산량만이 아니다. 지금은 모든 분야에서 소비 부족 현상이 일어나고 있다.

그런데 이처럼 생산이 이미 과잉인데도 사회는 사람들의

의욕을 높여 생산성을 더욱 올리기 위해 몰아대고 있다. 생산과 소비의 격차를 더욱 벌리려는 것이다. 기업들은 노동자에게 노동의 대가로 돈을 지불해 이것이 사회에서 소비로 돌아가게 해야 한다. 돈을 제대로 주지 않는 회사를 일본에서는 '블랙 기업'이라고 하는데, 이런 관점에선 일본이라는 나라 전체가 블랙 기업처럼 보인다. 이렇게 생산과 소비의 격차가 큰 사회라면, 개인적으로는 생산을 줄이고 소비를 높일 방법으로 차라리 '일을 하지 않는데 돈은 많이 받는' 것이 바람직하겠다는 생각까지 든다.

흔히 많은 사람들이 지금 일본은 생산성 신앙에 사로잡혀 있기 때문에 아들러 사고방식이 인기 있다고 여긴다. 그러나 원래 일본인은 농경민족이었다. 에도시대(1603~1867년)의 나가야(長屋)일본식 단층 연립주택 생활에서도, 마을의 농가에서도 '힘들 때는 서로 돕는' 정신으로 극복했기에 기본적으로 코헛적인 자질이 있다. 무의식적으로 약자를 동정해 응원하는 호간비이키(判官びいき)약자나 패자의 편을 든다는 의미 또한 코헛적인 사고방식이다. '모두가 서로 도우면서 살자', '약한 사람은 우리가 도울 테니 힘들면 기대도 된다' 하는, 코헛적인 삶이 가장 어울리는 국민성을 갖고 있는 셈이다.

그에 반해 아들러는 미국적인 사상가다. 실제로 아들러는 독일을 떠나 미국에서 했던 강연회를 계기로 일대 붐을 일으켰고, 그의 이론은 인간관계론으로 유명한 데일 카네기에게도 영향을 주면서 널리 화려하게 알려졌다. 일본이 아들러에 빠지게 된 데는 여전히 미국의 뒤를 쫓아가는 국민성도 관련이 있을지 모른다.

누군가에게 기댈 때
비로소 설 수 있다

　코헛은 자신이 처음에 주장한 '자기애 이론'에서 상대의 체면과 마음을 다치게 해서는 안 되며, 말과 행동할 때 상대의 입장을 생각하고 그의 체면을 세워 주라고 말했다. 그리고 이어서 '자기 심리학'에서는 서로 돕는 것이 중요하다는 상호 의존을 강조했다.

　이는 미국적 정신, 즉 다른 사람에게 의존하지 않고 오히려 그를 '따라잡아 뛰어넘는' 경쟁을 전제로 강함을 찾는 정신과는 다른 방향이다.

　일본에는 상대가 약해도 그의 체면을 세워 주는 문화가 있다. 뿐만 아니라 앞서 언급했듯 과거 에도시대까지는 가난하지만 서로 돕는 문화가 있었던, 코헛이 이상적으로 생각하는 사회였다. 그러다가 메이지(1867~1912년) 이후로 일본 사회에는 '따라잡아 뛰어넘어라'와 같은 경쟁심이 퍼졌고, 그것이 오늘의 아들러 붐까지 영향을 미쳤다고 해도 과언이 아니다.

코헛 심리학은 생물이 산소에 의존하지 않으면 살 수 없듯이, 사람은 다른 사람에게 의존하지 않으면 살아갈 수 없음을 전제로 한다.

물론 표면적인 특징만 보자면 코헛의 이론은 자칫 어리광을 부리는 사람들을 위한 논리처럼 보일 수도 있다. 그러나 미국 사회와 같은 경쟁 사회에서 치열하게 살고 있는 강인한 사상의 사람들도 실은 누구보다 상처 입기 쉽고 좌절하기 쉽다. 상대에 대한 공감을 중요하게 여기지 않거나 공감할 줄 모르면 돈독한 인간관계를 쌓기 어렵기 때문이다. 이는 지금까지 이 책에서 충분히 살펴본 바 있다.

실제로 미국에서는 누군가가 목말라 하더라도 그가 "물 좀 주세요" 하고 말하지 않으면 건네주지 않는다. (그런데 이런 나라에서도 그 상황에서 슬쩍 물을 건네주면 그 배려에 기뻐한다고 한다.) 이처럼 공감보다는 강인함을 이상적으로 여기고 자기 책임적 사고방식을 우선으로 하는 사회에서는, 일이 잘될 때는 좋지만 그렇지 못할 때는 다른 사람에게 기대지 못하고 자신에게 책임을 돌리게 된다.

코헛의 사고방식에 따르면, 공감대가 잘 형성되지 않는 사회를 살아가는 사람은 심리적으로 쉽게 불안정해진다. 상처를 받았을 때 주위 사람들이 그가 회복하도록 도와주지 않기 때문에 역경이 닥치면 쉽게 주저앉고 마는 것이다.

일본에서는 위로부터는 성과에 대한 압박을 받으면서 아랫사람을 계속 관리해야 하는, 이러지도 저러지도 못하는 진퇴양난에 빠진 중간관리직의 자살이 오래전부터 문제였다면, 미국에서는 '최고경영자'의 자살이 사회적 문제가 되고 있다. 미국은 일본과 비교가 되지 않을 만큼 정신과의 문턱이 낮고, 마음이 약해졌을 때 병원에 가지 않는 일 또한 자기 책임으로 여기기 때문에 그 자체가 안전망 역할을 하는 데도 말이다.

최고경영자가 다른 사람을 신뢰하지 못하고 주위 사람에 대한 공감 능력이 낮으면 그 조직은 결코 강하다고 할 수 없으며 언젠가는 무너진다. 기업이 생산성 향상을 위해 발전을 지향하는 태도는 물론 바람직하지만, 경쟁을 바탕으로

맹목적인 성장을 추구하기보다는 서로 의지하며 앞으로 나아가는 코헛의 사고방식이 장기적으로는 더 효과적임을 명심할 필요가 있다.

나를 소중히 할 것,
상대를 중요하게 여길 것

이 책에서 내가 '세상에서 가장 다정하다'고 소개한 코헛의 이론은 사실 미국의 정신분석 현장에서 '돈은 얼마가 들어도 좋으니 치료해 달라'는 관리직 인물들에게 특히 압도적인 지지를 얻고 있다.

아마도 자기 영역의 제일선에서 활동적으로 일하는 사람일수록 누구보다 지쳐 있으며, 어디에도 말할 수 없는 고독을 안고 있다는 증거라고 본다.

어떤 사람이 많은 돈을 갖게 되면, 그의 주위에는 돈을 목적으로 하는 이들이 모여들게 마련이다. 그러면 그 사람은 필연적으로 다음과 같은 생각에 마음이 불안해진다.

'내가 가진 매력은 돈뿐인 걸까?'

'나 자신을 진심으로 사랑해 주는 사람은 없을까?'

세상에서 '성공한 인물'이라 불리는 사람일수록 그 그림자가 짙다. 언젠가 나는 신칸센을 탔다가 일본의 한 유명 기업 경영인을 본 적이 있는데, 그가 무려 네 명의 경호원과 함께 있는 모습에 깜짝 놀랐다. '치안이 좋은 이 나라에서도 그렇게 사람이 무서울까' 하는 생각이 들었다.

그는 자신이 세운 대기업의 주식을 절반가량이나 보유하고 있는 거부이지만, 그의 얼굴이나 언행을 보면 완전히 '인간에 대한 불신으로 똘똘 뭉친' 사람 같았다. 마음을 쉬게 할 시간이 없어 보여서 동정심이 생길 정도였다.

특히 경쟁이 점점 심해지는 사회에서는 회사 내 직장 동료들과는 물론 친구, 심지어 가족에게도 속마음을 털어놓기가 힘들다.

모두가 자신 앞에 놓인 일과 문제들을 해결하는 데 급급해 마음의 여유가 없어지고 누군가의 이야기를 들어 줄 시간도 절대적으로 부족함을 느낀다. 모두 그것을 알기에 자신의 이야기를 털어놓기도, 다른 사람의 이야기를 들어 주기도 힘들어 한다.

예를 들어 부부 중 한 사람이 회사 내 과도한 업무와 표면적이기만 한 인간관계에 지쳤다고 가정해 보자. 집에 돌아와서는 마음의 평온을 찾고 싶고 아내나 남편에게 자신의 이야기를 털어놓고 싶다. "수고했어"라던가 "잠깐은 쉬어도 돼"라는 작은 위로라도 듣고 싶은 것이다. 하지만 상대방도 마찬가지로 힘든 상황에 몰려 있어 위로해 주지 못한다.

　"당신만 힘들어? 나도 힘들어. 요즘 안 힘든 사람이 어디 있어."

　이 이야기를 들으면 기분이 좋을 리가 없다. 그래서 서운함이 쌓여 다툼으로 이어지고 점점 마음의 벽을 쌓게 된다. 자신의 괴로움을 보느라 다른 사람의 괴로움은 보지 못하는 것이다.

　이것은 세계 곳곳에 흔히 있는 일이다. 미국에서도, 여기 일본에서도 마찬가지다. 그 누구의 잘못도 아니지만 점점 많은 사람들이 가장 가까운 사이에서도 속마음을 말할 수 없고 의지가 되거나 도움을 주는 친구를 찾기 힘들어진다. 함께 있으나 고독을 느끼며 살아간다.

　따라서 지금이야말로 '자신의 기분을 소중히 할 것'과 '마찬가지로 상대를 소중히 대할 것'을 강조하는 코헛식 사고와 태도가 필요한 때이다. 속마음을 털어놓기도 들어 주기도 힘든 시대임을 모두가 너무나 잘 알지만 서로의 기분을 소중히 여길 때, 그리고 자연스럽게 다른 사람의 아픔에 '공감'할 수 있을 때 우리는 자신의 마음속 묵직한 짐을 덜 수 있다.

이해하지 못해도
괜찮아

　'출퇴근 시간대에 유모차를 끌고 지하철을 타는 것은 옳은가, 옳지 않은가?'

　'젊은 직원들이 회식에 참석하지 않는데, 그래도 되나?'

　'시급은 어디까지 올리는 게 적정한가?'

　요즘 인터넷상에서는 다양한 주제에 대한 논쟁이 매일같이 이루어지고 있다. 주로 일상이나 사회생활과 관련된 문제를 둘러싸고 찬반으로 의견이 나뉘어 대립하는 식이다. 그러나 만약 코헛 심리학을 아는 사람이라면 이런 문제를 옳다, 그르다로 선을 긋지 않고도 해결할 수 있지 않을까?

　세상에는 '좋다' 혹은 '나쁘다'로, 즉 흑백으로 나눌 수 없

는 문제와 과제가 무수히 존재한다. 정답이 없는 문제투성
이라고 해도 과언이 아니다. 그런데 모든 사람이 '당연히 내
의견이 옳다', '우리의 의견이 곧 정의다' 하는 입장으로 단
한 걸음도 양보하지 않는다면, 문제가 해결될 리 없다. 권력
있는 사람이나 목소리가 큰 사람이 '이게 정답이다!'라는 식
으로 선언해 봤자, 힘으로 누르는 그 방법은 반대하는 사람
들의 불만만 키울 뿐 아니라 언젠가는 똑같은 문제가 재발
한다는 것이 일반적인 통념이다.

이럴 때 코헛식 사고가 필요하다. 당신을 비롯해 **코헛을
아는 사람들이 많은 사회에서는 먼저 상대방의 의견에 귀
기울임으로써 그가 왜 그런 주장을 하는지를 상대방의 입장
에서 생각해 보려 할 것이다.**

그런 다음에 '나의 의견은 그렇지 않다'고 생각하거나, 혹
은 '내 의견은 저 사람과 다르지만 그의 말도 이해가 안 되
는 건 아니다'라는 생각이 든다면, 그것만으로도 우리가 상
대방을 대하는 태도는 달라진다. 마찬가지로 상대방이 코헛
을 안다면 그의 태도 역시 바뀔 것이다.

**상대방을 이해할 수 없어도 괜찮다. 상대방을 이해하려는
그 자세가 관계에 변화를 가져오기 때문이다.**

세상은 사람과 사람 간의 관계로 이루어진다. 당신이 지금껏 이해하려 하지 않았던 이들의 입장이 되어 보기만 해도, 세상은 분명 달라질 것이다.

코헛이 내게 알려 주는 것

마지막 장에서는 코헛의 사고방식으로 세계를 바라보면 깨닫게 되는 것들을 살펴보았다. 우리는 '좋다고 생각해서 행동한 것'과 '당연하다고 여겨 의문조차 갖지 않았던 것'이 실제로도 바람직한지, 오히려 자신도 모르는 사이에 누군가에게 상처를 주지는 않는지 늘 위기감을 가져야 한다.

- 전문 면접관이 아닌 교수의 면접시험, 또는 교사가 학생을 일방적으로 판단하는 의욕·태도 평가 제도 등 당연하다고 여겨 온 일에도 '과연 괜찮은가?' 하는 의문을 가질 필요가 있다.

- 우리는 고령자나 기초 생활보호 수급자 등 '지금은 나와 상관없다'고 생각하는 사람들을 자칫 비판하는 경향이 있다. 나 자신이 그렇게 되었을 때를 상상할 수 있다면 그러한 차별적인 생각을 줄일 수 있다.

- 세계적으로 강자 이론이 우세인 시대에 코헛의 이론을 아는 사람들이 늘어나면 많은 과제를 해결할 수 있다.

여기까지 읽은 당신은 이미 코헛의 사고방식을 이해했을 것이고, 이를 당장 실생활에 활용할 수도 있을 것이다. 그만큼 코헛의 이론은 이해하기 쉽고, 어떤 의미에서는 단조롭다고 할 만큼 단순한 면이 있다. 그러나 그 단순한 지침도 실천하지 못하고 잊어버리는 탓에 지금도 막연히 불안해하거나 인간관계로 고민하는 사람들이 많은 것이 아닐까?

코헛의 이론을 실천하기 위해 꼭 그의 전문 서적을 읽을 필요는 없다. 이 책은 내가 나름대로 코헛의 이론을 해석해 '입문을 위한 입문서'라 할 만큼 알기 쉽게 설명한 것이지만, 사실 이조차도 필요하지 않을지 모른다.

만일 당신의 주위에 코헛의 사고방식이 실마리가 될 만한 고민을 가진 사람이 있다면, 부디 당신이 코헛의 이론을 실천해 그의 '기댈 수 있는 사람'이 되기를 바란다.

지금, 다시
코헛을 소개하는 이유

이 책을 끝까지 읽어 준 독자 여러분에게 우선 고맙다는 말을 하고 싶다. 코헛의 사고방식과 인간에 대한 관점이 삶을 살아가는 데 조금이라도 참고가 되기를 바란다.

코헛을 대신해 저자로서 여러분에게 부탁하고 싶은 것을 요약하자면 다음과 같다.

첫째, 나의 기분을 가장 중요하게 여기자.

둘째, 나의 기분처럼 타인의 기분을 중요하게 생각하자.

이것만으로도 인간관계는 달라진다.

흔히 나의 기분을 생각하는 것과 타인의 기분을 생각하는 것 중 어느 한쪽이 부족한 경우가 있다. 다른 사람의 기분을 중요하게 생각하는 사람이라 해도, 만약 자신의 기분을 소홀히 한다면 결국 절반만 중요하게 여기는 셈이다.

자신을 소중히 해야 비로소 상대를 소중히 여길 수 있다. 그리고 자신을 소중히 여기기 위해서는 '상대'의 존재가 반드시 필요하다. 따라서 다른 사람도 소중히 하지 않으면 안 된다. 코헛의 이론은 이 순환을 아우른다.

내가 처음 코헛을 일본에 소개한 것은 1999년에 발간한, 《'자기애'의 구조('自己愛'の構造)》와 2002년에 출간한 《'자기애'와 '의존'의 정신분석('自己愛'と'依存'の精神分析)》을 통해서다. 두 권 모두 코헛을 알리고 싶다는 의도로 썼다.

그런데 15년이 지난 지금 세상의 논리는 더욱 강자 중심이고, 인간관계로 고민하는 사람이 더더욱 늘어나고 있다. 그래서 다시 한 번 코헛을 알리고 싶은 마음에 이 책을 집필하게 되었다. 이 책의 목적은 코헛이라는 사람과 그의 생각을 친근하게 느껴 '인생에 활용'하도록 하는 것이다. 따라서 코헛이 주장한 전문적인 이론에 대한 설명은 최소한으로 하고 그의 사고방식을 일상에 적용한 조언 형식으로 책을 집필했다.

여러분의 인생이 코헛과의 만남을 계기로 보다 풍요로워지기를 바란다.

잠시만 기대겠습니다

1판 1쇄 인쇄 2018년 8월 29일
1판 1쇄 발행 2018년 9월 5일

지은이 와다 히데키
옮긴이 홍성민
펴낸이 고병욱

기획편집실장 김성수 **책임편집** 박혜정 **기획편집** 윤현주 장지연
마케팅 이일권 송만석 현나래 김재욱 김은지 **디자인** 공희 진미나 백은주 **외서기획** 엄정빈
제작 김기창 **관리** 주동은 조재언 신현민 **총무** 문준기 노재경 송민진 우근영

교정 김연주

펴낸곳 청림출판(주)
등록 제1989-000026호

본사 06048 서울시 강남구 도산대로 38길 11 청림출판(주) (논현동 63)
제2사옥 10881 경기도 파주시 회동길 173 청림아트스페이스 (문발동 518-6)
전화 02-546-4341 **팩스** 02-546-8053
홈페이지 www.chungrim.com
이메일 cr1@chungrim.com
블로그 blog.naver.com/chungrimpub
페이스북 www.facebook.com/chungrimpub

ISBN 978-89-352-1230-9 (03180)